人を動かすリーダーの

図解

話し方

Speaking Methods
of Leaders Who Impress People
Simple, But Important Forty Methods

佐々木常夫
Tsuneo Sasaki

PHP研究所

はじめに　リーダーにとって言葉は「命」だ

チームの進むべき方向性を決めるのは、リーダーの仕事

↓

自分の考えや思いをメンバーと共有するには
“言葉”で伝えるしかない

↓ つまり

リーダーには、「言葉力」が求められる！

かつては、私も話下手だった

リーダーにとって言葉は「命」のようなものだ。

リーダーの語る言葉一つひとつが、チームの方向性を決め、メンバーの行動の指針となる。

そのため、リーダーは自分の考えや思いがチームのメンバーにきちんと伝わるように言葉を尽くさなければならない。どんなに素晴らしい考えを持っていても、相手に伝わらなければ、チームは混乱してしまうからだ。

実は、私も話すことは苦手だった。今でこそ大勢の前で講演をしたりしているが、かつては重要な会議でがちがちに緊張してしまい、言いたいことがまったく伝わらない、というようなことを何度も経験している。

しかし、そんな私だからこそ、言えることがある。

それは、話し方は自分次第で、いくらでも磨くことができるということだ。実際、私はリーダーになって、意識的に工夫することで、話し方が格段に上達した。

だから今現在、話すことを苦手だと感じている人も、何も心配いらない。これから話し方を磨けばいいだけだ。

「学ぶ力」を身につける

人材育成の研修の冒頭の挨拶で、私がよく言う言葉がある。

「いい話を聞いた」
で終わっていたら
成長しません

自分の行動を変えるところまでいかない

行動を
変えよう！

自分の行動に置き換えて
実践できる
＝
「学ぶ力」のある人

本書を読んで、気になったことを１つでも実践してみる！

↓ すると

仕事もコミュニケーションも一変する

「みなさん、こんな研修いくら受けても何の役にも立ちませんよ。ただみなさんの中に一〇人に一人くらい、この研修で学んだことを職場で実践する人がいるでしょう。その人のために私は研修をしています。

研修が終わって、たぶんみなさんは、今日は佐々木さんのいい話を聞いたと、誰かに話してくれるかもしれない。だけど、それは単に佐々木さんのいい話を聞いたでおしまいです。

いい話を聞いた、いい本を読んだ、いい映画を観た。しかし、自分の行動に落とし込まなければ知識なんていくら積み重ねても何の役にも立ちません……」

と、まあ、こんなお話をさせていただく。

つまり、私が言いたいのは、「学ぶ力」がなければ、どんなに話を聞いても、本を読んでも、成長しないということだ。

普通の人は、人から話を聞いても、それを自分に置き換えて自分の行動を変えていくということはしない。

一方、学ぶ力のある人というのは、謙虚で向上心のある人である。そういう人は、あらゆることを学びに変えて、自分の糧にすることができる。

本書では、これまで私が実践してきた「話し方」「言葉力の磨き方」を解説している。

どの項目でもかまわないので、まずは一つでも、自分の行動に落とし込んで、実践をしてもらいたい。

この本を自分の行動を変える、きっかけにしていただけたら幸いである。

二〇一四年三月

佐々木常夫

［図解］人を動かすリーダーの話し方　もくじ

第1章　一瞬で心をつかむ言葉力の磨き方

第2章　相手をその気にさせる説得力

第3章　「本音」「納得」「協力」をムリなく引き出す

第4章 意見が通って当たり前になる話し方

第１章

一瞬で心をつかむ言葉力の磨き方

リーダーは、志とそれを語る言葉を持っていなければならない。

志のないリーダーに人はついてこない。また、どんなに立派な志を持っていても、それが相手に伝わらなければ動いてもらえない。

この章では、そんなリーダーにとって欠くことができない「言葉」を磨く方法を解説する。

1 「とっておきの言葉」をノートに書きとめる

リーダーにとって言葉は最大の武器である

私は、言葉はリーダーにとって最大の武器であると思っている。仕事に対する考えや、描いているビジョンを部下に伝えるためには、言葉を用いる以外に方法はない。

部下はリーダーが発した言葉を聞くことで、「なるほど、たしかにあの人の言う通りだ。自分もあの人についていこう」というふうに、リーダーの考えに納得し、行動するものである。**だからリーダーは、どんな言葉を用いれば相手に正確に伝わるか、相手の心を揺さぶるかを考えながら、言葉を選び、磨き、発していくことが大切になる。**

ただし、よほど表現力が豊かで機転が利く人でもない限り、状況に応じて相手の心を揺さぶる名言を咄嗟《とっさ》に口にするのは難しいものだ。「伝えたいこと」は心の中にあるのに、それを適切な言葉に変換することができなかったがために、もどかしい思いをした経験は誰にでもあるはずだ。

「とっておきの言葉」はオリジナルでなくてかまわない

そこでみなさんにオススメしたいのが、**何かの場面で使えそうな「とっておきの言葉」を見つけたときに、それをノートに書きとめておくことだ。**そして折にふれノートを読み返す。

すると、その言葉が頭に刻み込まれるため、ここぞという場面で効果的に用いることが可能になる。

例えば、私が部下を指導する際によく使っていた言葉の一つに、「プアなイノベーションより、優れたイミテーション」というものがある。これはある業務について、先例があるにもかかわらず、それを参考にしないで独力で取り組もうとする部下がいたときなどに、「このフォーマットはゼロから作らなくても、前にやったあのフォーマットを活用すればすぐにできるよね。プアなイノベーションより、優れたイミテーションだよ」というふうに用いるわけである。

「プアなイノベーションより、優れたイミテーション」は、誰にとっても覚えやすいフレーズである。こうしてリーダーは自分の考えを、言葉を通じて部下に着実に根づかせることが可能になるのである。

「とっておきの言葉」は、自分のオリジナルでなくてもかまわない。本を読んでいるときなどに「これは！」という言葉を見つけたら、早速ノートにメモすることが大事。

私は、もともと自分が読んだ本について、タイトルや著者名、感動した点をノートにメモしていた。

それに加えて、三十代の後半、課長になったぐらいから、気に入った言葉もノートにメモするようにしてきた。人は書くことで覚える。そして覚えると使いたくなり、使うことで、やがてその言葉が本当に自分のものになっていくのである。

また、紙に書いて残しておくと、自分の好きな言葉の傾向もわかるので、おもしろい。

よい言葉を見つけたら、それをノートに書く習慣を身につけてほしい。

よい言葉は、思いつくのではなく“思い出す”

名言を“思いつく”のは
難しい

とっておきの言葉と出合ったら
ノートに書きとめる

その言葉を、ここぞというときに使う

・私がメモを続けた歴代の手帳

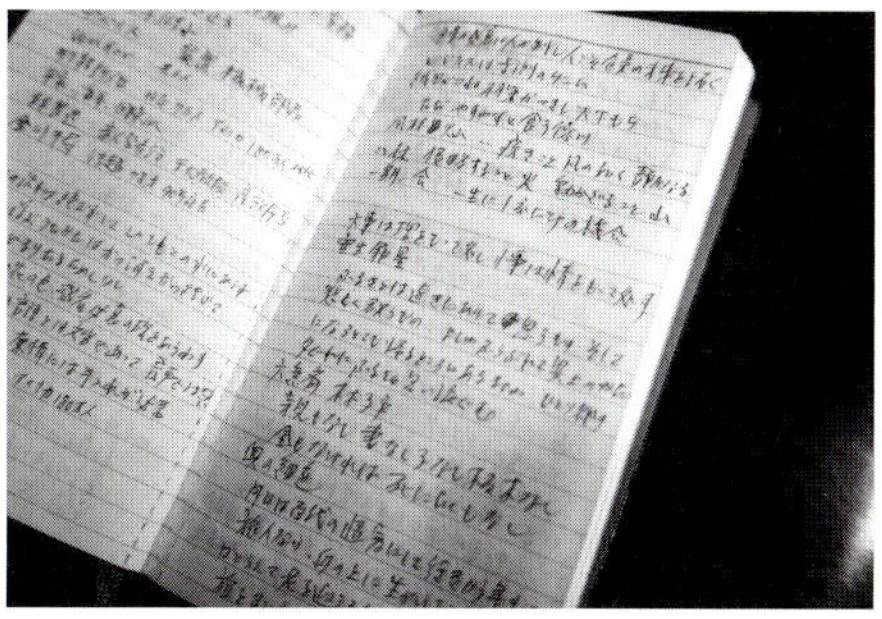

・書くことで自分のものになって使える

言葉力を磨くために

よい言葉をメモする習慣を持つ

2 言葉を磨き上げるコツは、とにかく「書く」

書く習慣で話す力も鍛えられる

「話す力」を磨きたいなら、まず文章を書く習慣を身につけることを私は推奨している。なぜなら私の話す力も、書くことによって養われていったからだ。

　私は課長代理になった頃から、重要な会議に出席するときには、あらかじめ自分の意見を文章にまとめたうえで本番に臨むようにしていた。

　会議の数日前から一週間前に、まずは自分の意見を一度ざっと文章化してみる。そのうえで論理的な矛盾点を直したり、余計な話を省いたり、抽象的で曖昧《あいまい》な表現を具体的な言葉に置き換えるといった作業をする。つまり推敲をおこなう。こうして文章が完成したら、それを半分暗記するぐらいの気持ちで頭に叩き込むのである。

　会議に臨むことのメリットは、二つある。

　一つは会議の席で意見が通りやすくなるということ。十分な準備をしないままにその場で意見を言おうとすると、どうしても話が冗長になり、論旨が不明確になりやすい。また論理的な矛盾が生じることもある。

　しかし、あらかじめ文章化することで内容を練っておけば、ほかの人が五分かかるところを三分でコンパクトに話すことができる。また論理的にも筋道が立っており、しかもわかりやすい言葉で説明をすることが可能になる。これを毎回繰り返していると、自分が発言をするときには、ほかの出席者もみんな耳をそばだてて聞くようになり、自分の意見が採用される確率が高まるのだ。言葉を磨けば磨くほど意見が通りやすくなっていく、というように、効果を実感できるはずである。

　そして、もう一つのメリットは、「文章を書いてから発言する」という作業を繰り返すうちに、「話す力」も鍛えられていくことである。具体的には「論理的に話す力」や「わかりやすい表現をする力」「相手の心に響く言葉を選ぶセンス」などが磨かれる。すると上司への報告や部下への指示など、日常業務において話をするときも話し方が変わってくるのである。

言葉とじっくり向き合う

「話すこと」と「書くこと」の大きな違いは、話し言葉は発した途端にすぐに消えてしまうのに対して、書き言葉は文字として残ることである。**だから文章にしたほうが、適切な発言になっているかどうかを、より緻密に検証することが可能になる。**

　また文章化することで、思考の深まりも違ってくる。私はこれまで何冊もの書籍を出版してきたが、最初に書いた原稿は、練り直すうちに最後には跡形もなくなっているものだ。「本当に自分が言いたいことはこれでいいのか。何かニュアンスが違っていたり、言葉足らずになっていないか」と考えるうちに、どんどん思考が深まり、最後にしっくりくる言葉が見つかるのである。

　だから「話す力」を高めたいのなら、書く習慣を身につけて、「言葉とじっくり向き合う体験」を積み重ねることが大切だ。

一度文章にするだけで、話し方は一変する

頭の中だけで考えていると

明日は、
こう言おう
何が言いたいの？
いつまで
話しているんだ
○○で
××のため
～～でして
うまく
話せない！
また、
やり直しだ～

話すことを文章にまとめると

でも、この順番
で話したほうが
伝わるはずだ
来週は、
こう言おう
うんうん
まとまって
るな～
なるほど
いいね
私は○○と
思います。
なぜなら～
です
よし、思い通りに
仕事が進む

言葉力を磨くために

話す前に必ず文章にする

3 「自分の話したいことを話す人」VS.「相手が求めていることを話す人」

自分が話したいことではなく相手が求めていることを話す

商談やミーティングの場面で、こちらが興味のない話題を延々と続ける人がいる一方で、こちらが知りたい情報を短い時間で的確に伝えられる人がいる。

これは、ひと言で言えば「ビジネスセンスの違い」である。

ビジネスセンスがある人は、その日その場で話すべきテーマを明確に把握している。また対顧客であれば「お客様のニーズは何か」、対部下であれば「どんな壁にぶち当たり何に悩んでいるか」といったことを意識しながら相手と向き合うことができるものだ。

だから自分が話したいことを話すのではなく、相手が求めていることに合わせて話したり、ポイントを押さえた話し方をすることができる。言葉にムダがなく、シャープである。

ビジネスセンスのある人は、ビジネスパーソンとしての言葉力も持っていると考えて間違いない。

会議や面談での日々の心がけがビジネスセンスを養う

私は三十代前半の頃、上司の仕事ぶりを見ていて、「絶対にこんな上司にだけはならないようにしよう」と思ったことがある。

その当時の仕事は、深夜労働や休日出勤も当たり前という激務であったが、いちばんまいったのは会議の長さだった。上司が夜の十時ぐらいから平気で会議を始めて、二時、三時まで続けるような人だったからである。

中身の濃い会議であれば、まだ私も我慢することができただろう。しかし、その会議は、各部門のスタッフを全員呼んで、それぞれの部門の進捗状況を一つひとつチェックしていくというものだった。

私は企画管理部門の担当だったが、私の担当とはまったく関係ない話が延々繰り広げられることになった。こんな会議に出席させられても、集中力は続かないし、誰もほかの人の発言を真剣に聞かなくなる。

こうした経験もあり、私は自分がリーダーとして会議を開くときには、テーマを明確に定め、関係あるメンバーしか招集しないことにした。

そしてスタート時には、その日の「会議の目的」と「議論のポイント」を提示してから会議に入ることにしていた。こうすることによって参加者全員が、当事者意識を持って議論に臨むことができ、かつ短時間で内容の充実した会議を実現することを目指したのである。

会議だけではない。私は部下との面談の場面でも、「面談を通じて、部下の何を把握するか」という目的を明確に設定したうえで臨んだし、同時に「部下は何を話したがっているか」を意識しながら相手の話を聞くようにしていた。

言葉力を磨くには、日々の仕事の中で、ビジネスセンスを鍛えることを意識するといい。

話し方には、その人の働き方が表れる

30代前半の頃のこと

○○部の
状況はどうですか？
今、××が
……
早く終わら
ないかな～
日付が
変わった…
自分には
関係ないな

それを
反面教師
にして

今から30分で
○○と××の
確認をします
わかりました
はい

中身の薄い会議が長時間
続くことがたびたびあった

会議の目的と議論のポイントを
提示してから会議に入るようにした

日々の仕事の中でビジネスセンスを磨くことが、言葉力を磨くことにつながる

ビジネスセンスを磨くには

- 計画主義
- 自己研鑽
- 効率主義
- シンプル主義
- 結果主義

といったことを意識する

バリ
バリ
企画書
成功だ～！

言葉力を磨くために

ビジネスセンスを徹底的に鍛える

4 本当に伝えたいこと一つに絞る

たったふた言で終わった卒業式の祝辞

あれから五十年が経つのに、いまだに記憶に残っているスピーチがある。秋田高校の卒業式での秋田市長の祝辞だ。

市長は壇上に上がると、たったふた言、「みなさん、卒業おめでとうございます。スピーチは短いほうがいいので、これで終わります」とだけ言って祝辞を終えた。

これにはみんな驚いた。今も高校時代の同級生に会うと、あのときの市長の祝辞が話題に上るほどである。学生時代に卒業式や入学式で、さまざまなスピーチを聞かされたが、今でもはっきり覚えているのは、このときの市長の言葉だけである。校長の式辞や来賓の祝辞というと、とかく長いのが定番だが、彼らが何を話したかについてはまったく覚えていない。そもそも式の当日も、「早く終わらないかな」と思いながら、上の空でしか聞いていなかったと思う。

何が言いたいのかというと、人前でスピーチをするときには、くどくどと長く話しても相手の記憶には残らないということである。**たった一つ「これだけは本当に伝えたい」ということだけに絞り込んで話したほうがいい。**

四つも五つもいろいろな話題を話していたら、「本当に伝えたいこと」が、その他の話の中に埋没してしまうことになるからだ。

社員に直接話せるチャンスをムダにするな

私は東レ時代、社長がおこなう新年の挨拶などの原稿執筆を担当していた時期があったが、そのときも秋田市長を見習って、スピーチ文はなるべく短くまとめていた。

社長の新年の挨拶というと、「昨今の世界経済は……」といった世界情勢やマクロ経済の話から始める人が多いが、これはあまりにももったいないと私は思っていた。新年の挨拶は、社長が自分の思いや会社のビジョンを、直接社員に伝えられる数少ないチャンスだからである。

だから私は「本当に社長が伝えたいと思っていること」や「伝えるべきこと」だけを精選して、スピーチ文を書いた。さすがに秋田市長のようにふた言で済ませることはできなかったが、それでも三分も喋れば十分な内容にまとめた。

社長からは「佐々木君、これでは短すぎるよ。私は十分喋ることになっているんだよ」と文句を言われたが、何分喋るかではなく、何を社員に伝えるかが、もっと大切なことではないかと私は考えている。新聞を読めば載っているような世界情勢を長々と十分話したところで誰も聞いてくれない。けれども自分たちの会社の将来についての話を三分間に濃縮して話せば、みんな真剣に耳を傾けてくれるものである。

リーダーがメンバーの前で話すときには、まず「自分は何を彼らにいちばん伝えたいのか」を明確にすることが大切である。

伝えたいことが定まったら、ひたすらそれのみを喋ることに専念する。するとメンバーの心を動かすスピーチができるものだ。

「せっかくだから、いろいろ話そう」は意味がない

記憶に残った秋田高校の卒業式での市長の祝辞

卒業おめでとうございます。スピーチは短いほうがいいので、これで終わります
えっ これで終わり…

そうそう
卒業式の市長の祝辞

50年経った今でも、話題に上るほど

つまり

いろいろ詰め込むと

現在の状況は～。これから我々がすべきことは１つは～もう１つは～
これって、何の話だっけ？

相手の記憶に残らない

１つに絞ると

今日、話すことは○○についてです。
そうか！○○が大事だ

話の内容が心に残る

言葉力を磨くために

いちばん大事なことだけ話して、あとは思い切って捨てる

5

「場」を作ることがリーダーの仕事

衆知を集めるために話し合いの場を作る

私は『部下を定時に帰す「仕事術」』（WAVE出版）という、これまでのビジネス人生の中で培ってきた、タイムマネジメントに関するスキルを余すところなく紹介した書籍を出版している。では、これらのスキルはすべて独力で編み出したものかというと、まったくそんなことはない。そのほとんどは、部下と一緒に「もっとこうすれば仕事を効率的に進められるのではないか」と議論する中から生まれてきたものだ。

人が一人で考えられることはたかがしれている。しかし「三人寄れば文殊の知恵」という言葉があるように、人が集まればよい知恵が出てくることが多いものだ。自分の考えを述べると、ほかの誰かが、それに対する意見を言ってくれ、その意見に対して、また自分の考えを述べるといったことを繰り返しているうちに、どんどん議論が深まり、思考が高度化していくからだ。

だから私は、リーダーはチームの課題をみんなで一緒に話し合うための「場作り」を意識的におこなっていく必要があると思っている。日常業務については上意下達のスタイルでもかまわないが、リーダー自身も答えが見つかっていないような課題については、みんなで知恵を出し合うための「場」があることが大切になるのだ。

交通整理なしで、議論を深めることは不可能

ただし「文殊の知恵」は、単に場を設定すれば生まれてくるものではない。メンバーが好き勝手な発言をしていたら、それは議論ではなく雑談になってしまう。

そこで求められるのが「リーダーの言葉力」である。

リーダーは、まず「今日、なぜわざわざこの場を設定したのか」「今日の話し合いで何を得ることを目指しているのか」といった話し合いの目的や背景をメンバーに対して明確に示す必要がある。

そして実際にミーティングが始まってから求められるのが、交通整理をする能力だ。**メンバーの発言に対して、「もう少し具体的に言うとどういうこと？」「それはつまりこういうことかな？」「もっと違う視点はないかな？」といった質問を繰り出すことで、話を深めたり、まとめたり、展開させる力が不可欠となる。**

また、中には主題とまったく関係ない意見を言い出すメンバーもいる。そうした発言に場全体が引きずられそうになったときには、「今日の話し合いのテーマは○○だよね。だから議論を戻そうよ」というふうに、そもそもの目的をメンバーに再確認させることも大切だ。

こうしたミーティングの場では、リーダー自身の発言量は少なくてもかまわない。しかしリーダーが、その場でメンバーから発せられる「言葉」に対して誰よりも鋭敏に反応し、交通整理をできないと、「文殊の知恵」が生み出されるところまで議論を深めていくことは不可能になる。

リーダーの交通整理がうまいと議論が深まる

業務の効率化
を図ろう

人が集まれば
よい知恵が生まれる

議論が深まり
思考が高度化する

一緒に考えたこと
なので実践する

話し合いの場を作ることが、リーダーの仕事

さらに、話し合いの際は

もう少し具体的に
言うとどういうこと？
それは、つまり
こういうことかな？
議論がズレてきた
から話を戻そう

**リーダーには、目的を明確化したり、
話をまとめる、展開するといった話し方が求められる！**

言葉力を磨くために

まずは、知恵を出し合う場を作る

6

自分の言葉に固執しない！意見を変えても信頼は揺るがない

部下から意見を引き出すときは普段とは意識を変える

ビジネスでは、「こうすればうまくいく」という答えが既にわかっている問題と、深く考えないと正しい答えを見つけ出せない問題がある。

既に答えがわかっている問題については、いちいち部下に意見を聞く必要はない。リーダーは、やるべきことを部下に指示し、部下はそれに従うという上意下達のやり方でまったくかまわない。

しかし前項でも述べたように、リーダー自身も答えが見つかっていない問題については、衆知を集めるために部下から意見を引き出していくことが大切になる。そのときにリーダーに求められるのが、普段の場面とは意識を変えることだ。

上意下達型のスタイルに慣れているリーダーは、「常に自分は正しい答えを持ち、部下に答えを指し示さなくてはいけない」という思いに囚《とら》われがちだ。しかし、こうした囚われは、部下とフラットな関係で議論をする場においてはマイナスとなる。

もちろんリーダーも、その問題について自分なりの考えは持っているだろう。だから意見は述べてもいい。しかし大切なのは、その言葉に固執しないこと。**部下が異論を唱えたときも、打ち負かそうとせずに素直に耳を傾けることが大事。**大切なのは議論に勝つことではなく、部下と一緒によりよい答えを見つけ出していくことだからだ。

そして議論をした結果、当初自分が考えていた意見が妥当なものではなかったと判断したときには、その言葉を取り下げる勇気や柔軟さを備えておく必要もある。

「変節」を恐れない。リーダーも日々成長する

実は私も会社での出来事ではないが、いろいろな人の意見を調べた結果、自分の考えを大きく変えたことがある。

かつてテレビ朝日系列の「報道ステーション」という番組でコメンテーターを務めていたことがあった。当時は福島第一原子力発電所の事故から間がなかったこともあり、原発問題についてコメントする機会が多かった。

当初、私は原発容認の発言をしていたが、主にドイツが脱原発を決定するプロセスを調べていくうちに「やはり原発をやめなくてはいけない」と考えるようになり、番組中にそれを表明した。キャスターの古舘伊知郎さんからは、「原発推進派だったあなたが、同じ番組の中で何でそんなことを言うのですか」と詰め寄られたが、「私は変節したんです」と答えた。

「変節」というとネガティブな響きがあるが、私は変節することを恐れてはいけないと思う。「自分の考えをころころと変えていると、リーダーとしての威信が落ちる」と感じる方もいるかもしれないが、世の中に完全無欠な人間など存在しない。リーダーだって試行錯誤しながら日々成長しているものだ。むしろ自分の言葉に固執しないリーダーのほうが、周りからの信頼を得られるはずだと私は思っている。

部下の意見を引き出す

自分の意見を通すという意識だと

君は、
どう思う？
私は～だと
思います
いや
○○のほうが
いいよ
じゃあ
聞かないで
ほしいなぁ

結局自分の考えしか集まらない

意見を引き出すという意識だと

君は、
どう思う？
私は××だと
思います
こういうことも
考えられないかな？
たしかにそうですね。
では○×△にしては？

議論がどんどん深まる

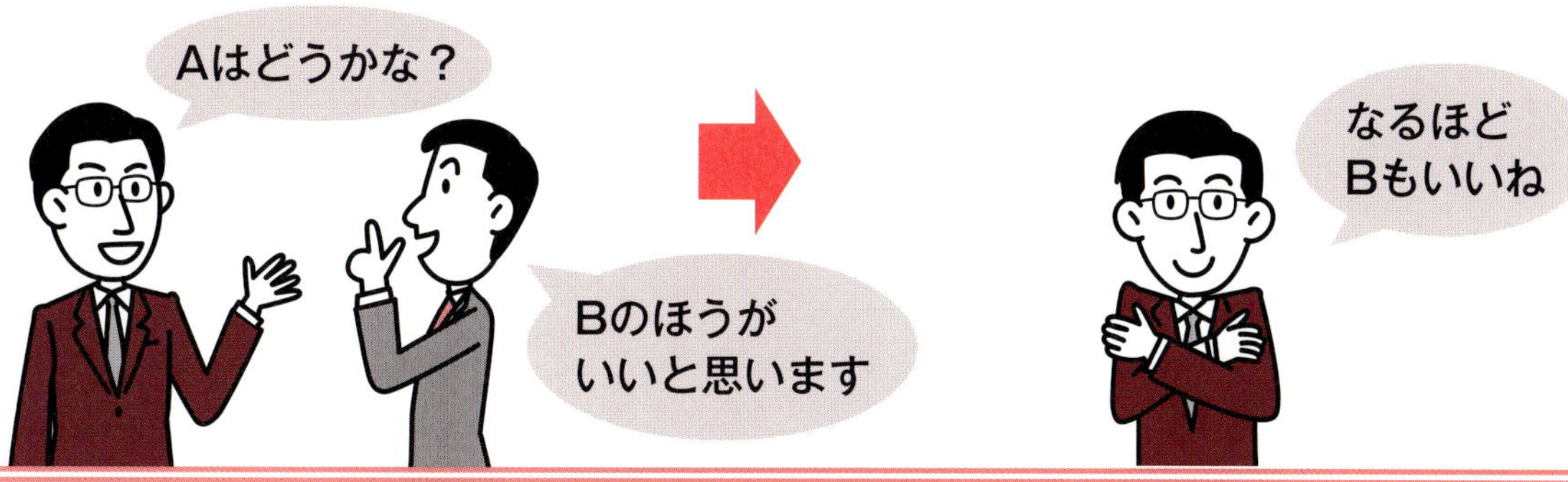
Aはどうかな？
Bのほうが
いいと思います
なるほど
Bもいいね

意見を変えることは悪くない！

言葉力を磨くために

自分の意見を変えられる素直さを持つ

7

ビジネスライクと人情 両方の話し方を身につける

業務ロスが生じないように指示は細かく

リーダーの言葉は、「ビジネスライクに徹すること」を重視しつつ、なおかつ「人情を重んじること」も大切だと思う。**「ビジネスライク」と「人情」の両立ができないと、仕事はうまく回らない。**

私は計画性がなく成り行きで物事を進めるような仕事のスタイルが大嫌いで、職場では徹底的に効率性を追求していた。だから部下に指示を出すときにも、伝達ミスによって業務にロスが生じることがないように、誰が・何のために・いつまでに・何の仕事を・どの程度まで仕上げてほしいかを細かく話すようにしていた。

そのせいかもしれないが、私の仕事術に関する講演会を聴いた方から「佐々木さんってすごくビジネスライクで、部下に厳しい人だったんでしょうね」と言われたことがある。その方は、私の話から「部下を効率性でぎちぎちに管理するような上司像」を思い浮かべたようなのだ。

効率性を無視して、とことんまで話を聞くことも大事

けれども私は、一方で「人情」も大事にしてきた。

「人情」というのは、部下が抱えている悩みや家庭の事情にまで思いを行き届かせ、配慮ができるリーダーになるということだ。部下はロボットではない。同じ仕事を与えても、心身ともに絶好調で優れた成果をあげるときもあれば、体調が万全でなかったり、プライベートで悩みを抱えていることによって、十分なパフォーマンスを発揮できなくなっているときもある。

そこでリーダーには、普段から部下の様子をよく観察し、ちょっとした変化に気づくことが求められる。そして部下の顔色が悪いときには、「何だか最近、疲れているみたいだけど大丈夫？」と話しかけてあげることが大事。部下は話しかけられただけでも、「このリーダーは、ちゃんと自分のことを見てくれているんだな」という安心感を抱くものだ。

また私は、部下が悩みごとを相談してきたときには時間を惜しまず、とことんまで相談に乗り、解決に向けてのアドバイスやサポートをするようにしてきた。こうした場面では、「ビジネスライク・モード」のときとは違って指示命令口調ではなく、自分が話すことよりも部下の話を聞いてあげることを最優先した。

リーダーは、部下に対して効率性を要求しながら、一方で人情も忘れてはいけない。フィギュアスケートで、テクニックと優雅さが求められるのと同じように、リーダーの言葉にも両方がなければ人はついてこない。

ちなみに、私は、話す内容に合わせて、声のトーンを意識して変える、ということもしている。例えば、仕事の話はサクサク話し、プライベートの話をするときは、少しやわらかい雰囲気作りに気を配るといった具合だ。

リーダーの言葉一つで、チームの雰囲気は一変するのである。

ビジネスライクも大事！　人情も大事！

ビジネスライク

人情

15時までに
資料を揃えて。
メモ程度でいいから
このレポートは
来週の月曜までに
A4サイズで１枚に
まとめて
お子さん
大きくなった
でしょ？
君の母校が
甲子園に出場
しているね

「人情」モードの場合は

電話の対応
がうまく
なったね

ちょっとした
変化に気づく

時間を
惜しまない

お子さん、
今年受験だよね？

声のトーンを
やわらかくする

言葉力を磨くために

リーダーの言葉は、“片手にビジネス、片手に人情”を意識する

8

言葉一つを変えるだけでも、チームに改革を起こせる

課題について積極的に提案をしたり、取り組んだりするようになる。つまり部下の成長が加速されるのだ。

だから私は、親子ほど年齢が違うような新入社員に対してもすべて「さん付け」で呼ぶようにしていた。また東レ経営研究所の社長時代には、私自身に対しても「佐々木社長」ではなく、「佐々木さん」と呼んでもらうようにしていた。**そうやって役職に関係なく「さん付け」で呼び合うことで、お互いがお互いを尊重し合いながら高め合っていくチーム作りを目指したのだ。**

ちなみに私は仕事の場面だけではなく、自分の兄弟に対しても「さん付け」で呼んでいる。兄はもちろんのこと、二人いる弟についても「さん付け」である。なぜなら兄と弟ではあるけれども「私よりも優秀だな」と思える部分がいくつもあるからだ。相手のことを「君付け」で呼ぶか「さん付け」で呼ぶかは、ほんの小さな言葉遣いの違いのように感じるかもしれないが、実はそこには大きな違いがあるのだ。

「君付け」だった上司が「さん付け」に変えた瞬間

私が「やっとこの上司から自分も認めてもらえたな」と感じた瞬間がある。**その上司が私に向かって、「佐々木君」ではなく「佐々木さん」と呼んだときのことだ。**

上司は自分の能力に強い自信を持っていて、目上の人間でも自分が認めていない人についていては、「君付け」で呼ぶような人物だった。当然私に対しても「君付け」だった。それがある会議の場面でちょっとした会話を交わすことがあったときに、私を「さん付け」で呼んだのだ。

おそらく上司はほとんど無意識に「佐々木さん」と発したのだろう。言われた私も驚いたが、言った当人も驚いていたのだから。きっとその上司は心の中で、「佐々木は自分よりも優れたところがある」と少しずつ私のことを認めるようになっていて、それが「佐々木さん」という言葉になって表れたのだと思う。

お互いに尊重し合いながら高め合うチームを作る

ビジネスパーソンの中には、自分よりも目下の人間を「君付け」で呼ぶ人がいる。しかし、これはやめたほうがいいと思う。

なぜなら本人としては深い意味もなく「君付け」で呼んでいたとしても、呼び続けるうちに「彼は自分よりも目下で、劣っている人間」という意識が生まれてくるからだ。しかし目下だろうが年下だろうが、誰だって自分よりも優れた部分を何かしら持っているものだ。リーダーは部下の「優れた部分」に目を向けられないと、部下の長所を引き出しながらチームを強くしていくことはできない。また部下の「優れた部分」からも学ぶことができないと、リーダーとしての成長も止まってしまう。

逆に「さん付け」で呼ぶと、部下の意識が変わっていく。「自分はリーダーから認められているんだ」という意識が培われ、より強い当事者意識を持って、チームが抱えている

呼び方を変えるだけでもチームは強くなる

画期的な
アイデアを
出せる人
営業の達人
部下の優れた部分に
目を向ける
プレゼンの達人
分析の達人
リーダー

お互いに尊重し合いながら、高め合っていくと、強いチームになる

そのための第一歩として、今すぐにできることは……

「さん付け」で呼ぶこと

↓ すると

- 部下は「自分はリーダーから認められている」という意識が高まる
- リーダーは部下の優れた部分に目を向けて学べるようになる

言葉力を磨くために

お互いを「さん付け」で呼ぶチームを作る

9

リーダーはto doだけではなく to beを語れなければいけない

リーダーとマネジャーの決定的な違い

課長職や部長職にある人のことを、「チームリーダー」と呼ぶこともあれば、「ミドルマネジャー」と呼ぶこともある。ではリーダーとマネジャーの違いとは何か。私はto beとto doの違いだと考えている。

『武士道』などの著書で知られ、農政学者であり教育学者でもあった新渡戸稲造は、「to beというのはto doよりも、はるかに重んずべきものぞ」という言葉を残している。日本語に訳せばto beは「あること」、to doは「なすこと」という意味になる。

マネジャーの仕事は、「決められたことを正しく遂行すること」。つまり、なすこと(to do)である。一方リーダーに求められるのは、「正しくあること」。つまりto beである。

チームのあるべき正しい姿を考えられ、それをメンバーに明確な言葉で示すことができるのが、リーダーたる者に求められる条件である。

マネジャーとしては非常に優秀で、決められたことを正しく遂行する能力があったとする。けれども、そもそもリーダーとして決めたこと自体が正しい決断ではなかったとしたら、組織を間違った方向に導いてしまうことになる。だから新渡戸の言うように、to doよりもto beのほうを重んじなくてはいけないのである。まず、チームのあるべき姿を正しく考えること(to be)ができてこそ、決めたことを正しく遂行すること(to do)が意味を成してくるのである。

だから私はリーダーであるならば、会社から与えられた目標やタスクを達成するために部下に具体的な指示(to do)をすることも大切ではあるが、チームとしてのミッションやビジョンを、自分の言葉で魅力的に部下に語れる人間になること(to be)を目指してほしいと思う。決めたことを堅実にこなすだけでは、所詮マネジャーでしかない。ミッションやビジョンを自分の言葉で語れるようになってこそ、初めてリーダーになり得るのだ。

地道な繰り返しによってしか to be は身につかない

では私たちはどうすればto beを身につけることができるのか。私はこれは「学ぶ－考える－実践する」の繰り返しによってしか習得できないと思っている。

例えば、西郷隆盛に関する著書を読んで、そのリーダー像に感銘を受けたとする。しかし多くの人は「いい本を読んだ。感動した」で終わってしまう。

そうではなくて西郷の生き方に感動したのなら、西郷はリーダーとして何が優れていたのかを考え、その生き方やあり方を自分でも実践してみることが大切なのだ。

この「学ぶ－考える－実践する」は、読書だけではなく、よい講演を聴いたりよい映画を観たときや、実在する優れたリーダーに会って感銘を受けたときなどにも取り組んでいくことが大事だ。to beは一朝一夕には身につかないが、地道に努力しているうちに、やがて手に入れられる時がくる。

正しい姿を考え、それを言葉で示せることがリーダーの条件

リーダーに求められること

「正しくあること」
＝
to be

マネジャーに求められること

「決められたことを正しく遂行すること」
＝
to do

新渡戸稲造

to beというのはto doよりも、
はるかに重んずべきものぞ

どうすればto beを身につけることができる？

学ぶ—**考える**—**実践する**　の繰り返ししかない！

「読んだ」「感動した」で終わらず、「実践」してみることが大切！

言葉力を磨くために

ミッションやビジョンを自分の言葉で語れるようになる

10

私が話下手を克服した、とっておきの方法

私も人前で話すのが苦手だった……

リーダーになってから間がない人の中には、人前で話すことに苦手意識を感じている人も多いと思う。部下やお客様と一対一で話すときには自然に話せるとしても、重要な会議で幹部を相手に話さなくてはいけないときや、大人数の前でスピーチをしなくてはいけない場面などでは、「がちがちに緊張して、話したかったことの半分も話せなかった」という経験をしたことが、みなさんもあるのではないだろうか。

実は私も、今でこそ毎月いくつかの講演会をこなしており、人前で話すことが半分仕事のようになっているが、若いときはむしろ話すことが苦手だった。

何しろ小さい頃は体の弱い気弱な子どもで、自分の考えていることをあまり積極的に話すタイプではなかった。また会社に入ったばかりの頃も、直属の上司から「この男は頼りなさそうだけど、本当にモノになるのか?」と思われていたほどだ。

そんな私ですら講演会の講師や、一時期は報道番組のコメンテーターを務めていたこともあったのだから、みなさんも大丈夫。経験を重ねるうちに、人前で話すことの苦手意識をきっと克服できるはずだ。

苦手意識を持っている人ほど伸びる可能性を秘めている

苦手意識克服のポイントは、小さな成功体験を積み重ねることだ。

一〇ページでも述べたように、私は会議で発言をしなくてはいけないときには、あらかじめ発言内容を文章にまとめ、半分暗記をしてから本番に臨むようにしていた。事前に準備をしておくと、それが安心材料となるので、ぶっつけ本番で臨むよりも何倍も楽な状態で会議に出席することができる。また準備をしておけば、自分の意見が採用される確率も高くなる。

するとこれが「自分だってやれば何とかできるじゃないか」という自信になり、人前で話すのがそれほど怖いことではなくなってくる。やがて大切な会議やスピーチの場でも普段通りの自分の能力を出せるようになり、さらに周りの人たちが自分の発言に耳を傾けてくれるようになる。こうして苦手意識を次第に克服していけるのだ。

一方で、失敗から学ぶことも大切である。**大勢の人の前でうまく話せなかったときや、自分の真意が伝わらなかったときには、なぜ失敗したのかを分析して反省しなければならない。**その反省を次のスピーチや会議での発言に活かしていくのである。

私は話すことに苦手意識を抱いている人ほど、実はこれから伸びる可能性があると思っている。私の感覚では、世の中のほとんどの人は話すのが下手である。しかし、そのことに無自覚であるために、改善しようとしない人が少なくない。そんな中で苦手であることを自覚しており、何とか克服しようと試みている人は、周りの人から一歩抜け出す可能性を秘めている。だからどうかあきらめないで努力を続けてほしい。

誰でも話し上手になれる可能性がある

1．発言内容を文章にまとめる

2．発言内容を暗記する

その結果

普段通りの力を出せた

「やればできた」という自信になり、苦手意識を克服できる

うまく話せなかった

なぜ失敗したのかを分析して反省し、次に活かす

言葉力を磨くために

小さな成功体験を積み重ねる

11

リーダーの発言が「ブレてはいけないとき」「ブレなくてはいけないとき」

ビジネスでは、ほとんどのことが朝令暮改が望ましい

リーダー論をテーマとしたビジネス書の中には、「リーダーは発言にブレがあってはいけない」といったことがよく書かれている。だが私は、リーダーの発言は「ブレてはいけない」こともあるが、逆に「ブレなくてはいけない」こともあると思っている。

ビジネスでは、朝令暮改のほうが望ましいケースが圧倒的に多い。わかりやすいのが工場の立地だ。一昔前は中国に生産拠点を設ける企業が多かったが、やがて中国国内の人件費の高騰やチャイナリスクなどから、ASEAN諸国に生産拠点を移す企業が増えていった。さらに今後はASEAN諸国でも人件費の高騰とともに、計画を立て直して、また新たな移転先を探す企業が増えてくるだろう。

こうしたことについては、環境の変化に応じてどんどんブレていってもかまわないし、むしろブレるべきである。

だからリーダーは朝令暮改を恐れてはいけない。昨日と今日とでは、言っていることがまったく違っていたとしても恥じることはない。それは環境の変化に柔軟に適応するために必要なことだからである。

会社の拠り所となる原理原則はブレてはいけない

一方ブレてはいけないのは、企業倫理や理念にあたる部分である。倫理というのは「お客様に対して嘘をつかない」とか「社会の中で不正なことをおこなわない」といったものだ。

環境がどんなに変わっても、この部分だけは絶対にブレてはいけない。前の日まで「すべてはお客様のために」と言っていたリーダーが、突然次の日から「会社の利益を確保するために、お客様を犠牲にしてもいい」などと言い始めていたら、その時点でリーダー失格である。部下からの信頼も失ってしまうだろう。

自分たちの企業の拠り所となっている原理原則については、リーダーはブレずに守り続けなくてはいけないのである。

ただし実際には、これは非常に難しいことでもある。

例えばパナソニックは、「従業員は家族。だから不況のときでも絶対に解雇しない」ことを伝統としてきた。しかし同社は、ある時期から人員削減に着手するようになった。これを以て「パナソニックはこれまで守り続けてきた原理原則からブレた」と見ることもできるだろう。

しかし、人員削減を決断しなければ会社自体の存続が危うくなり、もっと多くの従業員を路頭に迷わせることになったはずだ。だから「より多くの従業員の雇用を守る」ことを上位の原理原則とすれば、やむを得ない判断だったといえる。

リーダーには、こうした難しい判断を迫られるときが度々訪れる。「ブレてはいけないこと」と「ブレなくてはいけないこと」、そして時には「ブレざるを得ないこと」についても意識しながら、発言や行動をしていく必要がある。

環境の変化にすぐに対応しないと、生き残れない

リーダーは朝令暮改を恐れてはいけない

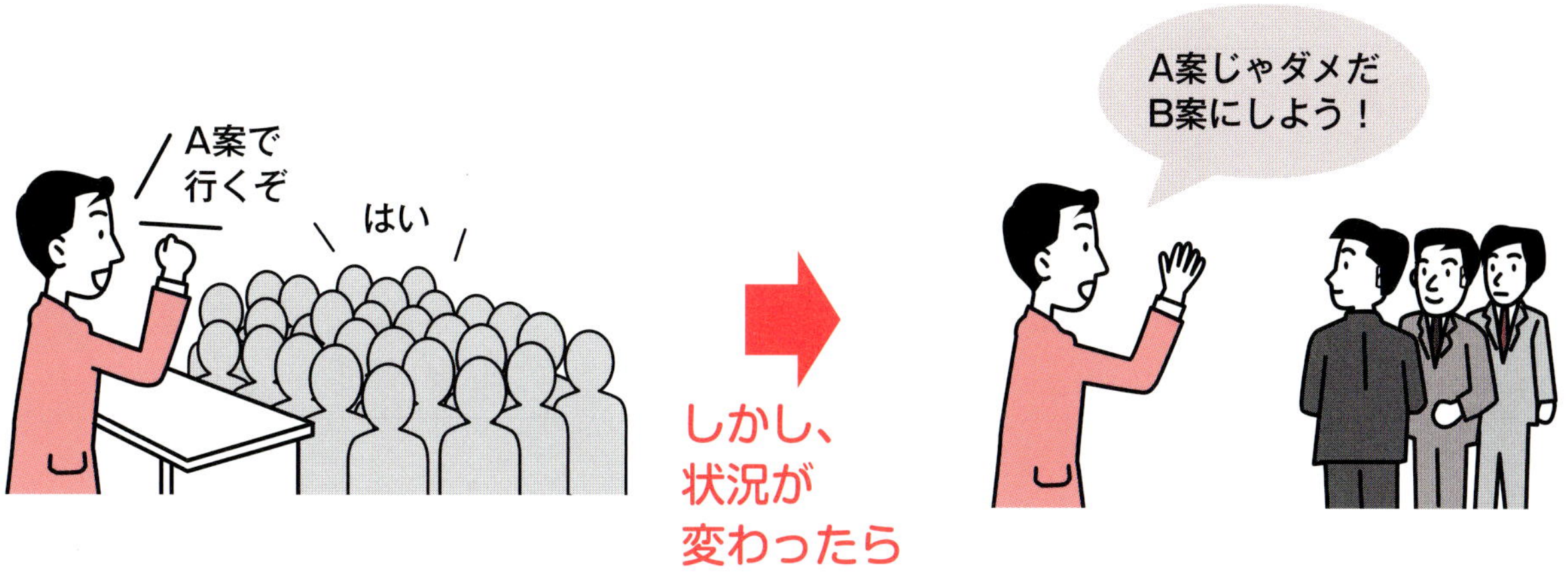
A案で
行くぞ
はい
しかし、
状況が
変わったら
A案じゃダメだ
B案にしよう！

環境の変化に柔軟に対応する

ブレてはいけないこと

社是
お客様第一
チームのルール

自分たちの企業の拠り所となっている原理原則について

ブレなくてはいけないこと

男
女

環境の変化に対応するために工場をどこに建てるか、どのターゲットをねらうか、といったことについて

言葉力を磨くために

会社の拠り所となる原理原則については、ブレない

「考えは言葉になり、行動を生み、習慣となる。習慣はやがて人格となり、そして人格はその人の運命をつくる」

映画『マーガレット・サッチャー　鉄の女の涙』の中でメリル・ストリープさんが演じ、揺るがぬ信念を持ち、国を指導し、鉄の女と呼ばれたサッチャーの言葉である。

サッチャーは自分の思想を言葉で、的確に表現することを大切にしてきた。政治家にとって、自分の考えを万人に伝えるには言葉を用いるしかない。そういう意味では、リーダーにとって言葉は命である。

「サービスが先、利益は後」というのは、宅配便事業の立ち上げ時期に社内に向けて発したヤマト運輸の小倉昌男さんの有名な言葉だ。

サービス向上と利益には相反関係がある。サービスを向上させれば、経費が増えて利益が圧縮される。利益を追求すれば、サービスを向上させるのは難しい。

しかし、宅急便の立ち上げ時期においては「サービス向上」が至上命題であったので、小倉さんは、「サービスが先、利益は後」というメッセージを発することによって、両者の優先順位を明確に示したのだ。

人が人を動かすのはもちろん態度や情熱なども重要だが、言葉が最も大きな武器となる。

そのためには「言葉力」を磨かなくてはならないが、やはりその前にしっかりしたブレない自分の考えを持たなくてはならない。そのとき「どのようにやるか」ということより、「どうあるべきか」という原点の確認が必要である。

そうした考えを適切な言葉で表現して周りに発信する。

そして、その言葉は具体的な行動につながっていき、行動の積み重ねは習慣となっていく。私は「良い習慣は才能を超える」と考えている。少々能力はなくても良い習慣を持っている人は、毎日確実に成長し、才能ある人を追い抜いていく。良い習慣を身につけていくことで、その人は成長していくのだ。

感動した本やフレーズをノートに書き込んだり、時間を守ることを自分に課したり、仕事を始める前にきちんと計画を立てたり、自分の考えをなるべく簡潔な言葉にまとめたり、そうした良い習慣が人格形成になり、そうした人には、それにふさわしい人生が待っている。

第2章

相手をその気にさせる説得力

１人でできることはたかがしれている。１人の頭の良さなど、大勢の議論から生まれた知恵にはおよばない。だから、チームの力を最大化するためには、メンバーに心の底から納得し、行動してもらわなければならない。この章では、説得力のある話し方に大切なことを解説する。

1 聞き手の心に響く話し方とは？

どんなに中身があっても聞きとれなければ意味がない

説得力のある話し方ができる人は、話の組み立てや言葉の選び方に気をつけているものだ。難解な表現や抽象的な言葉を使わずに、論理的でわかりやすく話すことができ、なおかつ印象的なフレーズを用いることを心がけている。

ところで、話に説得力を持たせるうえで、もう一つ大切なのが、話すスピードや声の大きさ、声の高さ、間の取り方といった表現面での工夫である。**どんなに中身のある話をしても、早口すぎて聞きとれないようでは、聞き手の心を揺さぶることはできない。**

うまく話せるようになりたいと悩んでいる人の中には、話の組み立て方や言葉の選び方については、意識的に取り組んでいる人が少なくない。だが話すスピードや声の高さといった表現面での工夫については、無頓着な人が多い。「自分はどちらかというと早口なほうだ」ということはわかっていても、直そうとしたことのない人が、ほとんどではないだろうか。

しかし、表現面での工夫をバカにしてはいけない。試しに「この人はスピーチや演説がうまいな」という人を見つけたら、「なぜ自分は、その人のスピーチに惹きつけられるのか」を注意深くチェックしてみてほしい。実は話の内容と同じぐらいに、話すスピードや間の取り方などにも魅了されていることに気づくはずだ。

自分の喋り方を他の人にチェックしてもらう

かく言う私も長いビジネスマン人生のうちの大半の期間は、表現面での工夫については無頓着なままでやり過ごしていた。「これではいけない」と思うようになったのは、私にとって初めての著書である『ビッグツリー』（WAVE出版）という本を六十一歳のときに出版したのがきっかけで、講演依頼が増えるようになってからだ。

ちょうど私の娘の友人がボイストレーナーをやっていたので、私も何度かレッスンを受けた。そして「こういう話をするときは、もう少しゆっくり話したほうがいいですよ」「ちょっと声の感じが暗いですね」といった指摘を受けながら、改善していった。おかげで以前よりは聞きとりやすい話し方ができるようになったと思う。

こんなふうに表現面でのクセを改善するうえでいちばんいいのは、他者からの指摘を受けることだ。ICレコーダーなどに録音した自分の声を聞いたことがある人なら、誰でも「自分はこんな喋り方をしていたのか」と驚いたことがあるはずだ。喋り方については、自分では気がつかない部分が多いのだ。

もちろんだからといって本格的なボイストレーニングを受ける必要はない。けれども例えば大切なプレゼンのときなどに、**事前に同僚の前でリハーサルをして、話の内容だけでなく、喋り方についてもチェックしてもらうだけでもまったく違ってくる。**

説得力のある話し方を身につけるためには、そうしたほんの小さな努力が大切だ。

うまい人の話し方をマネるのが有効

スピーチが“うまい”と
思う人を見つける

話し方の特徴を
チェックする

自分で練習

他の人に聞いてもらう

ICレコーダーに
録音してチェック
してもOK ！

自分のクセを
把握して
改善をくり返す

説得力 ＝ **話の中身** ＋ **表現の工夫**

であることを理解する

説得力を高めるために

スピードや声の高さについて、人からアドバイスをもらう

2 ストーリーのある話に人は惹きつけられる

発案書を次々と通し海外展開を推し進める

東レ時代の私が得意としていたことの一つに発案書の作成があった。発案書を作成したうえで経営会議に臨み、幹部の前でプレゼンをおこなう。すると「差し戻された記憶は、ほとんどない」といってもいいぐらいに、たいてい採用になっていたのである。

とりわけプラスチック事業部門の部長を務めていたときには、猛烈な勢いで毎月のように発案書を書いていた。「東レのプラスチック事業は、世界で戦えるだけの力がある」と判断した私は、海外展開を図るため世界各地に工場を建設する構想を描いた。そして、その構想を実現させるために次々と発案書を作成し、経営会議に上程しては採択されていたのである。そのため私の在任期間中のわずか二年半の間に、世界一二カ所で工場を建設することが決まった。

私が発案書を書くときに心がけていたのは、**「ストーリーを感じさせるものにする」ということである。**ストーリーのある話に、人は惹きつけられるものだからだ。これは、発案書を書くときだけではなく、プレゼンのときや、部下の前でスピーチをするときなども同じである。

「どうなるのか」をストーリーで語る

では、「ストーリーで語る」とはどういうことか。私が経験したプラスチック事業で説明しよう。

当時私が推し進めようとしていたのは、ABSという樹脂の製造工場の建設だった。そこで私は次のようなストーリーを作って経営会議に提案をした。

「ABS樹脂は年率五〜八パーセント程度の伸びが見込まれる有望市場です。業界トップのアメリカ企業のA社も、この市場に着目して、今後は世界各地に生産拠点を設けることが予想されます。そこでA社に先んじて、私たちが一気に世界展開を図ることで優位に立ちましょう。

私たちの製品は、品質面でもコスト面でも○○の理由でA社には負けていません。現在プラスチック市場における当社のシェアはわずか三パーセントに過ぎません。しかしABS樹脂において先発優位を確保できれば、A社と並ぶ二〇パーセント近いシェアを獲得することが可能になります」

こんなふうに私が提案をするときには、**工場なら工場の建設を「なぜやるのか」「どうやるのか」「本当にできるのか」「やったらどうなるのか」をストーリー仕立てで語るようにしていたわけである。**

すると私の発案書を読んだり、プレゼンを聞く人たちも、東レが世界各地に工場を建設したときのシーンを具体的に頭に思い浮かべることが可能になる。そのため当時私は上司から、「佐々木が提案をすると、何かやらなきゃいけない気持ちになるんだよな」とよく言われていた。

ぜひみなさんも、提案書を書いたり、人前で話すときには、「ストーリーで語る」ことを意識してみてほしい。

具体的なイメージで相手をその気にさせる

ストーリーで語る

42%のシェアを
獲得して、
マーケットリーダー
になれます！
すごい！
おー

・なぜやるのか
・どうやるのか
・本当にできるのか
・やったらどうなるのか
をストーリーで語る

論理的に話す

＋

たしかに
なるほど

・背景の分析
・自分たちの状況
・取るべき戦略
を整理して話す

よし！
採用だ

「わかりやすい」＋「おもしろい内容」

だから、納得する

説得力を高めるために

書く時も、話す時もストーリーを意識する

3

「夢」×「リアル」両方あるから部下はついてくる

課題を乗り越えた先に何が待っているか

「ストーリーで語る」ときに大切になるのは、語りの中に「夢」を盛り込むことである。夢があれば、人は少々の困難でもやり抜くことができる。**だからリーダーは部下に対して課題やノルマを与えるだけでなく、その課題を乗り越えた先に何が待っているか、夢を語れなくてはいけないのだ。**

「夢があったからやり遂げられた」という典型的な例として、東レの炭素繊維事業がある。炭素繊維は鉄の一〇倍の強度を持ち、なおかつ重さは四分の一という画期的な新素材である。二〇〇六年には東レの炭素繊維が、ボーイング社の新型旅客機「ボーイング787」に全面採用されることが決定し、大きな話題となった。そして今では、さらに技術革新が進み、自動車の部品にまで炭素繊維が使われるようになっている。つまり鉄がどんどん炭素繊維に置き換わりつつあるわけだ。今後炭素繊維の需要は飛躍的に伸びていくことが予想される。

ちなみに東レは炭素繊維市場において、断トツのシェアトップを誇っている。これは東レにとって大きな強みだ。

夢があったから継続できた

だが実はここに来るまでの間、東レは何度も炭素繊維市場からの撤退を検討してきた。研究開発を始めてから四十年もの間、ずっと実用化がままならず赤字が続いていたからだ。東レと同時期に研究を始めた海外の企業の中にも、開発を中途で断念して撤退するところが相次いだ。

しかし東レでは、経営会議で撤退が議論されるたびに、最終的にはいつも継続を決定していた。なぜなら「もし炭素繊維を実用化できたら、これは世の中を変えるとんでもない新素材になるぞ」という夢があったからである。東レが炭素繊維事業で成功を収めることができたいちばんの理由は、経営者や技術者が炭素繊維について夢を持ち続け、夢を語り続けたことにある。

だから私は、リーダーがチームのビジョンや目標を語るときには、そこに夢を盛り込んでほしいと思うのだ。

ただし夢を語るときには、一方で現実味を持たせることも大切である。現実味のない夢をいくら語っても、部下はそれを荒唐無稽な夢物語としてしか受け止めてくれないだろう。研究開発でいえば「うちには○○という技術力がある。だからこの製品は絶対に世に出すことができるんだ」といったリーダーから部下への語りかけが、夢に現実味を与えることになる。

東レの炭素繊維についても、技術者たちの間で「いつかこれはモノになる」という手応えがあったからこそ続けることができた。

途方もない夢を掲げるだけでは、部下は本気になってくれない。だからといって現実的な目標だけでは、部下の意欲を引き出すことはできない。「夢」に「リアル」を加えた語りかけができたとき、初めて部下がついてきてくれるようになる。

困難の先にあるものをイメージできたとき、人は挑戦し続けられる

かつて東レで何度も議論されたこと

炭素繊維
どうしよう？
撤退？
継続？

うちには○○という
技術がある。だから、
絶対に実用化して、
素材の常識を変えよう
がんばろう
やるぞ！
できるぞ
おー
炭素繊維事業
を今すぐ黒字に
するぞ！
シラー
シーン
ずっと赤字が
続いている…
他社も次々と
撤退している…
やめようか
「夢」＋「リアル」が
不可能を可能にする

現実味のない夢に
部下はついてこない

現実だけ見ると、
困難に打ち勝てない

説得力を高めるために

ついていきたいと思われるリーダーは夢を語れる

4

ふさわしい環境で発せられるから心に残る

リーダーは言葉によって進むべき道を指し示す

多くのメンバーが「右へ行くべきか、それとも左に行くべきか」と迷っているとき、リーダーが発する言葉は、チームが向かうべき方向性を指し示す旗となる。

コラム①でも紹介したが、例えば、ヤマト運輸の社長を務めた小倉昌男さんの有名な言葉に、「サービスが先、利益は後」というのがある。ヤマト運輸では宅配便事業を始めたばかりの頃、サービスを向上させてお客様を増やすことを優先するべきか、サービスの質を落としてでも利益を確保することを優先するべきかを巡って、意見の対立が社内で起きていた。

教科書的にいえば、サービスの向上も利益の確保もいずれも大切であり、どちらの言い分にも理がある。

そうした中で小倉さんは「サービスが先、利益は後」という明確な指針を示した。つまり「赤字になってもいいから、まずは宅急便のサービスを世の中に広めることを優先しよう」というメッセージをメンバーに発したのである。これにより組織の方向性が定まり、その後事業展開のスピードは格段に速まることになった。

これはリーダーの発する「言葉」の重要性を如実に示すエピソードだと私は思っている。**メンバーが混乱しているとき、リーダーは自ら先頭に立って「こっちへ進もう」と旗を振らなくてはいけない。**そして人間の社会においてその旗とは、言葉にほかならない。自らの意思をもっとも明快に伝えられるのは、言葉であるからだ。

みんなが真剣に耳を傾ける場を意識的に設定する

リーダーが部下に向かって旗を振る際には、それにふさわしい場を設定したうえでメッセージを発信することが大切になる。

私の場合、旗を振る場所としてもっとも重視したのは、年明けの仕事初めの日に毎年おこなっていた年頭の挨拶だった。今後一年間のチームの方針をA4サイズ一枚の文章にまとめて部下に配り、話していたのだ。

すると部下は「今日は佐々木さんが大切な話をするぞ」と、みんな真剣な表情で聞いてくれる。もし私が同じ内容の話を普段のミーティングの場で話したとしたら、緊張感がないため聞き流してしまう部下も出てくるだろう。しかし、このときだけは、みんなひと言も漏らさず聞き取ろうとする。そのぶん自分が発したメッセージが部下に浸透しやすくなるのである。

また年頭の挨拶のような定期的な場以外にも、チームが何か大きな問題に直面し、迷走状態に陥りそうになったときには、やはりリーダーはメンバーを集めてメッセージを発信する場を設定する必要がある。そのときには「これからチームの将来にかかわる大切な話をするから、みんなちゃんと聞いてほしい」という前振りをしたうえで、話し始めることが大切だ。**重要な言葉は、発するにふさわしい場所で発せられてこそ、部下を動かす説得力のある言葉になるのである。**

重要な言葉は、ふさわしい場所で発せられてこそ説得力を持つ

リーダーは言葉で方向性を示す

サービスだ
利益だ

チームが進むべき
道を見失っているとき

サービスが先
利益は後
おー
ハイ

重要なことは、ふさわしい場所で話すこと！

普段の仕事中

うちの部の
方針だけど…

これから、チーム
の将来にかかわる
大切な話をします
しっかり
聞こう

年頭の挨拶や緊急の場合は
ミーティングを活用する

説得力を高めるために

真剣に聞いてもらえる場をつくること

5

仕事にかかわる数字はすべて頭の中に！

数字を用いて話すことで部下への説得力が増す

みなさんは自社や主要取引先の売上高や経常利益、業界の市場規模や成長率といったさまざまな数字を、メモを見なくてもパッと口にすることができるだろうか。こうした事業や業務に関する大切な数字が頭に叩き込まれているかどうかで、部下に話すときの説得力も大きく変わってくる。

例えば、事業本部長が部下の前で、「今年は売上高前年比一〇パーセントアップを目指します」と話すのと、「昨年は一六〇〇億円だった売上高を、今年は一七〇〇億円にしましょう」と話すのとでは、後者の話し方のほうが部下はピンと来る。具体的な数字が出てくることによって、「一六〇〇億円を一七〇〇億円に引き上げるぐらいだったら、まあ何とかなりそうだな」とか、あるいは逆に「これは抜本的な業務改革が必要になるぞ」といったふうに、自分自身の実感を伴って達成目標をイメージしやすくなるからだ。**だからリーダーは、仕事にかかわる数字を常に頭にインプットしていて、必要に応じてすぐに口に出せる状態にしておくことが大切になる。**

では、どうすれば数字を覚えることができるか。それは簡単なことで、「覚えよう」とすることだ。数字を覚えられないという人は、そもそも覚えようとしていないのだと、私は思っている。

私の場合は、自分が担当している業務に関する数字をいつも手帳にメモしていた。例えば、所属事業部の五年間の売上・利益の推移、主要品種の価格と原価、担当する事業のマーケットサイズ、競合各社のシェアなどの数字である。そしてこれを電車の中や人を待っているときなどのスキマ時間に読み返すことで暗記するようにしていた。こうして私は、ビジネスの場面では常に数字を用いながら話ができるようにしていたのである。

数字をベースにしながら考える習慣をつける

業務に関する数字を覚えておくと、数字で考える習慣も身についてくるものだ。

例えば、ＡＳＥＡＮでの〇〇商品の消費量の推移を手帳にメモして暗記をしたとする。そして数字を暗記したら、それを頭の中で転がしてみる。すると「あれ？ ＡＳＥＡＮでは〇〇商品の消費量が増えているのに、なぜ、当社の〇〇については売上が伸びていないんだろう」というように、それが気づきのきっかけとなる。**こんなふうに数字を覚えることで、数字をベースにして物事を考えられるようになり、さまざまな事業戦略や業務改革に結びつけることができるようになるのだ。**

さらに「ＡＳＥＡＮ地域での営業戦略をどう展開するか」を部下に話すときにも、数字を土台にして練り上げられた戦略であれば、論理的であるぶんだけ説得力も増してくる。

数字については「ネットで調べればわかる」という人がいる。しかし、それは「ネットで調べなければわからない」ということでもある。数字を使って物事を考え、数字を用いて話せるようになるためには、自分の頭の中に常に数字が入っていることが大切である。

数字が頭の中に入ってるかどうかで、言葉が変わる

数字を覚えていると

電車がくるまでに
この数字を覚えよう
○○行き
□□行き
△○行き

あれ？　この商品は
消費量が増えているはず
なのに、うちの商品は
売上が伸びてないぞ

自分で気づける

昨年1600億円
だった売上を
今年は1700億円
にするぞ！
わかりました！

数字を覚えようとしないと

ふーん、
あの商品が
好調なんだな～

なんで、うちの○○
は売れてないの？
すぐに手を打ちなさい

人に言われてもピンとこない

○○の売上10％
アップを目指します
なんでだろう？

説得力を高めるために

「覚えよう」と思わなければ、頭に残らない

6

自分の本意ではないことを部下に話すとき、どう説明するか

上層部の判断には原則従わなくてはいけないが……

ミドルリーダーは、会社から事業に関する方針が下りてきたときに、その方針を受けて自分たちの部署は、どのように動かなくてはいけないのか、よりわかりやすい言葉にして部下に伝える役割を担っている。

もちろん時には会社が決定した方針に対して、必ずしも賛同できないことがあるものだ。しかし、それでも基本的には、上の意に沿って部下に方針を伝える必要がある。ミドルリーダーが、それぞれ勝手な判断で自分の意見を言い出したら、組織としての体を成さなくなってしまうからだ。

ただし私は「明らかに会社の姿勢は間違っている。これだけはどうしても譲れない」というときには、**会社が下した方針を自分のところで止めて、部下には伝えないという判断をしてもいいと思っている。**あるいは部下に伝えるにしても、「これは私の本意ではない。けれども上が決めたことを守らないと組織は動かないから、今回は従ってほしい」という言い方をするのもいいだろう。

信念に反する言葉を発するのは自分自身に対する裏切りである

なぜ、こうしたことが大切かというと、いかに部下を納得させるかということがいちばん大切だからだ。部下はミドルリーダーが発した言葉を後々まで覚えている。部長から下りてきた方針を、伝書鳩のようにそのまま部下に言っていた課長が、部長が代わって部の方針が変更になった途端に、急に部下に言う言葉を変えてしまったら、部下はどう感じるだろうか。「この人は上の意向に従って、自分の考えをころころと変えてしまう人なんだ。そもそも自分の考えがない人なんだな」と思われても仕方がないだろう。

一方、課長時代から会社の意向とは別に、自分の考えを部下に語ってきた人は、自分自身が部長になって方針を示す立場に立ったときに、「こういうことを言い出すのは、あの人らしいな」と部下から理解され、受け入れられる可能性が高くなる。

また、不本意なことであっても、言葉に出した以上、自分が率先垂範するということも部下を納得させる一つの方法だろう。

私も、東レでトップクラスに立つことを目指していた。しかし、だからといって不本意なことでも上の意向に唯々諾々と従って、トップに立ったら急に豹変して自分のやり方を打ち出すようなことはやるまいと思っていた。

そういう生き方は自分自身に対する裏切りであり、また部下からの信望も集まらないと考えていたからだ。ただし私の場合はいささかやりすぎた面もある。同期トップで取締役に就任したにもかかわらず、上に異論を唱えすぎたためか、わずか二年で取締役を外されてしまった。だから一方でリスク管理を考えておくことは大切だ。

とはいえ本物のリーダーであるためには、**自分が信じるものがあるのなら、それを曲げずに持ち続け、折にふれ部下にも発信していく必要がある。**そういうリーダーに部下はついていこうと思うものである。

このたびはPHPの出版物をお買い上げいただき、ありがとうございました。
今後の編集の参考にするため下記設問にお答えいただければ幸いです。

●お買い上げいただいた本のタイトル

●この本を何でお知りになりましたか。

1 新聞広告で(新聞名　　　　　　　　　　　　　　　　　　　)
2 雑誌広告で(雑誌名　　　　　　　　　　　　　　　　　　　)
3 書店で実物を見て　　　　4 コンビニで実物を見て
5 弊社のホームページ、ツイッター、フェイスブックなどで
6 他のウェブサイト、ネット書店で(サイト名　　　　　　　　　)
7 新聞・雑誌の紹介記事で(新聞・雑誌名　　　　　　　　　　　)
8 人にすすめられて　　　　9 その他(　　　　　　　　　　　　)

●本書のご購入を決めた理由は何でしたか。

●本書の読後感をお聞かせください。

1 テーマと内容	(満足	ふつう	不満)
2 タイトル	(納得	ふつう	不満)
3 読みやすさ	(満足	ふつう	不満)
4 価格	(高い	ふつう	安い)

●最近読んで特に面白かった書籍や新書シリーズを教えてください。

タイトル・シリーズ名

●その他、ご意見・ご感想、これから読みたい著者・テーマなど、アイデアをお聞かせいただければ幸いです。

＊あなたのご意見・ご感想を本書の新聞・雑誌広告、弊社のホームページなどで
1 掲載してもよい　　　　2 掲載しては困る
＊PHP研究所の書籍、雑誌の最新情報は、フェイスブックページ
https://www.facebook.com/pbusinessにても公開中です。

郵便はがき

料金受取人払郵便

麹町局承認

9136

差出有効期間
平成27年2月
28日まで
切手はいりません

102-8790

119

東京都千代田区一番町21

PHP研究所

読者アンケートs係 行

◆性　別　1. 男　2. 女	◆年　齢　　歳	
◆おところ	都・府 道・県	市・町 区・村
◆お名前		
◆ご職業　1. 会社員　2. 公務員　3. 自営業　4. 主婦 5. 教員　6. 学生　7. その他（　　　）		
◆PHP研究所の書籍、雑誌、セミナーなどの最新情報をメールにてお送りさせていただいてもよろしいですか？ はい　　いいえ		
◆メールアドレス		

＊お寄せいただいた個人情報は厳重に管理し、商品の企画、書籍、雑誌、セミナーなどの最新情報をお送りする目的以外には使用いたしません（この件のお問い合わせは、事業企画部TEL03-3239-6250までお願いいたします）。

信頼されるリーダーになるためにできること

会社の方針が自分の本意でない場合の部下が納得する3つの伝え方

えー
こう
しなさい

① 会社の方針を部下に伝えない

これだけは譲れない、
というときには、
自分のところで止める
判断も必要

② 本意ではないことを前提にして話を伝える

私の本意
ではない
けれども…

自分も本意ではないことを
伝えることで、自分の立場を
明確にする

③ 自分が率先垂範する

不本意であることを明らかに
したうえでも、言葉に出した
以上は、自分が先頭に立って
実践する

説得力を高めるために

会社の意向に唯々諾々と従って、意見をころころ変えない

7 感情的に叱ることは百害あって一利なし

部下を叱るときは同僚がいない場所で

リーダーは、時には部下を叱らなくてはいけない場面がある。このとき私が心がけていたのは、別室などに呼んで、なるべく一対一で叱るようにしていたということだ。軽く注意をする程度だったら同僚がいる前でもかまわないが、厳しく叱らなくてはいけない場合には、特にそういう配慮をしていた。

誰だって多かれ少なかれ、同僚の前で上司から叱られれば、プライドが傷ついたり恥ずかしい思いをするものだ。すると叱られた内容そのものよりも、「オフィスには後輩もいたのに、自分は恥ずかしい目に遭ってしまった」といったことのほうに意識が向いてしまう。リーダーが部下を叱る目的は、相手を必要以上に落ち込ませることではなく、反省を促し改善を求めることである。**だから部下の成長にプラスにならないような叱り方は避けるべきである。**

またある部下を人前で叱ると、同じ部屋で働いているほかの部下もイヤな気持ちになる。メンバーが伸び伸びと働ける活気ある雰囲気を作るためにも、叱る場所には気をつけたほうがいい。

ただし私は、「この問題については、たまたま失敗を犯した一人の部下だけではなく、みんなに気をつけてほしい」というときには、あえて同僚の前で、その部下を叱ったこともあった。もちろんこれをやるときには相手を選ばなくてはいけない。部下の性格は十人十色であり、打たれ強い人もいれば繊細な人もいる。だからみんなの前で叱るときには、叱られることへの抵抗力が強く、少々のことではびくともしないという部下を選ぶことが大切である。

怒鳴り散らしてもいいことなど何もない

私自身は部下に対して、褒めることも多かったが叱ることも多かった。ちょっとでも部下が遅刻しようものなら「何をやっているんだ！」と厳しく叱ったものである。秘書などは私のことを「瞬間湯沸かし器」と呼んでいたぐらいだ。ただし大声で部下を怒鳴り散らすようなことは、けっしてしなかった。昔の上司の中には、怒ると部下に向かって灰皿を投げるような人もいたが、私にとっては考えられないことだった。

感情的に怒鳴ったところで何一ついいことはないからである。部下は萎縮して落ち込むだけだし、「あの人は自分の感情をコントロールできない人だ」ということで、周囲からの評価もすっかり下がってしまうことになるだろう。

繰り返すが、リーダーが部下を叱る目的は、部下の成長を促すためである。自分の感情を発散させるためではない。

さらに言えば、その日の気分や個人的な好き嫌いで部下を叱るようなリーダーは論外である。

部下の性格を見極めつつ、どういう叱り方をすれば、その部下の成長につながるかを考えながら、叱ることができるリーダーになりたいものである。

部下の成長にプラスになるように叱る

人前で部下を叱ると

・同僚の前で叱られたことで必要以上に傷ついてしまう

・内容よりも、プライドが傷ついたことが気になる

・同じフロアの他のメンバーもイヤな気持ちになる

別室などで、１対１で叱ること

感情的に叱ると

・部下は萎縮して落ちこむだけ

・自分の感情をコントロールできない人と思われる

・部下の成長につながらない

説得力を高めるために

部下の性格に合わせた叱り方をすることも大切

8 相手の反応や立場に合わせて話を変える

相手の反応に合わせて話の内容を変える

私は講演会で講師を務めるときには、聴衆のタイプや興味関心に応じて、話す内容を変えるようにしている。

話し始めて五、六分も経つと、その日来てくださっている方のタイプが見えてくる。例えば、ちょっとしたジョークを言うと、冗談のネタは同じでも、みんなが笑ってくれるときと、ほとんど笑ってくれないときがある。

そこで聴衆の反応を見ながら、「今日はみなさん真面目そうだからAスタイルでいこう」とか、「Bスタイルでいこう」というふうに、話す内容や話し方を決めるのである。

ジョークに対して笑わなかったり、表情がかたく、うなずきの回数が少ない場合は、勉強を目的に講演会に参加している方が多いことが想定される。そんなとき私は講演の内容を実務に役立つスキルに特化した話に切り替える。

一方、笑いやうなずきの回数が多い場合は、スキルよりも、私の生き方や考え方に興味があって参加されている方の多いことが想定される。

私の場合は長男が自閉症であったことから、障がいのある子どもを持つ親御さん向けに講演をする機会も多い。そういう方が求めているのは、私の話から元気をもらったり、共感を得ることだ。そんなとき私は、「人は何のために生きているのか」とか「家族とは何か」といったことについて、自分自身のエピソードを交えながら話すようにしている。

同じ内容の話をしても、ある人の心には響くけれども、別の人の心にはまったく響かないということがある。

人はそれぞれ興味関心も違えば、私に対して求めていることも違うからだ。これは講演会のように大勢の前で話すときも、部下を相手に一対一で話すときも同じである。

同じチームの中でも人によって興味関心は違う

例えば会社でも、営業部門と生産管理部門の社員とでは興味関心は大きく異なる。

営業の社員にとっていちばんの関心はお客様である。

そのため営業マンに対して話すときには、「きっとお客様はこう考えているよね。だからこうすればお客様に喜んでもらえるよね」といった話し方をすると、相手の心に響きやすくなる。

一方、生産管理部門の社員の場合は、製品が売れることも大事だが、やはりコストを下げることに常に意識が向いているものだ。そこで「これをやればコストの削減にもつながるよ」といった話し方をすることが大切になる。

さらに言えば、同じ部門やチームの中でも、担当業務や職歴、経験、個人的な性格などによって、興味関心は、それぞれ異なるものである。

だからどんな場面でも、誰かに対して話すときには、相手がどんな話を求めており、どういう話し方をすれば相手の心に響くかを意識することが肝となるのである。

相手の興味に合わせた話をする

みんな表情が
かたいな
今日は
ビジネススキル
中心でいこう
私の仕事術は…

講演では、聴衆の反応に合わせて、話す内容を変えるもの

それと同じように、会社でも

お客様の
ためには…
歩留まりを
改善するには…
相手に合わせた
コミュニケーションを！
A社のこと
だけど…
お子さんは
いくつに
なった？

説得力を高めるために

何を求めているのか察する、相手目線が大事

9

部下からの質問にその場しのぎで答えない

メッセージを発信するときには質問も想定しておく

前述したように、毎年私は年明けの仕事初めの日に、メンバーを前に年頭の挨拶をおこなっていた。今年一年間、チームとして何を目標に掲げ、どのような方針で臨むのかを語っていたのだ。

すると当然部下から、私が話した内容に対して、「佐々木さんは○○とおっしゃいましたが、でも□□ではないですか？」といった質問や反論が出てくることがある。それに対してリーダーである私が口ごもって何も返せなくなってしまったら、その時点で部下からの信頼を失ってしまう。「この人は口ではいろいろ言うけれども、あまり深くは考えてはいないんだな」と思われてしまうからだ。

そのため私の場合は、みんなの前でメッセージを発信する場面では、部下がどんな質問をしてくるのかについても、あらかじめ予想をして、想定問答を考えるようにしていた。

すると問答を考えるうちに思考が深まり、予想外の質問が来ても咄嗟に答えられるようになるのである。

だからメンバーを前にメッセージを発信するときには、「何を話すか」だけではなくて、「どんな質問や反論が来て、それにどう返すか」についても含めて、準備をしておくことが大切になる。

質問に真摯に向き合ううちに自分の考えが確立される

ただし部下から質問をされるのは、年頭の挨拶のように、あらかじめ準備ができる場合だけではない。日常のさまざまな場面で、考えてもみなかった質問を、いきなりされることがあるものだ。

こんなときリーダーは、もし咄嗟にでも自信を持って回答できる答えが思い浮かんだのなら、答えるに越したことはない。しかし、その場しのぎの答えしか見つからないときには、無理に答えないほうがいい。部下を失望させるだけだからだ。

そして、すぐに答える代わりに、「その問題については、自分も週末じっくり考えてみようと思うから、ちょっと待ってくれないかな」というふうに話す。こう言われて、がっかりする部下はいないはずだ。むしろ「あの人は自分の問いに真摯に答えようとしてくれる」と好感を抱くはずだ。

とはいえ、やはり目指したいのは、部下からどんな質問が来ても自信を持って答えられるリーダーになることだ。課長や主任になったばかりの若いリーダーの中には、経験が浅く、まだ自分自身の考えを確立できていないという人も多いだろう。そんな人にとって部下からの質問は、**「これまで自分が考えてこなかったこと」について思考を深めるチャンスである。**

部下の質問をきっかけにして、その問題に向き合う機会を作り、自分なりの答えを見つけ出していく。これを繰り返すうちに、揺るぎない自分の考えが次第に確立されていくはずである。

そのためにも部下からの質問に、その場しのぎで答えてはいけないのである。

部下からの質問は思考を深めるチャンス！

こうしよう

でも、こういう考え方
もできませんか？
ふむふむ

自分が話した内容について　　部下から質問が出ることがある

そこで

話すこと
予想される
質問

「何を話すか」とセットで「どんな質問が出るか」
について考えておく

その質問に
ついては、じっくり
考えて、答えるよ

注意
ただし、予想していない質問が出て、
すぐに返事を思いつかない場合は、
その場しのぎで答えないこと

説得力を高めるために

想定される質問への答えも用意する

10

大切なことは、口頭ではなく文書で伝えたほうがいい

人間は忘却の動物　聞いただけではすぐに忘れる

部下に何かを伝えるときには、口頭で話すことで済ませている人のほうが多いと思う。しかし、私は単純なことについては口頭でもかまわないが、少し内容が複雑なことや重要事項については、文書にして部下に渡したほうがいいと考えている。

人間は忘却の動物である。リーダーが口頭で一度話すだけでは、部下はすぐに忘れてしまう。もちろん文書化したとしても、一度読んで、すぐに引き出しの中にしまわれてしまったら何の意味もない。

そこで私の場合は、「これだけはチームに根づかせたい」という大切なことについては、何度も口頭で話すとともに、文書を読み返すことも求めた。文書の長所は、読み返しが可能なところである。すると部下は私の文書を読みながら反芻《はんすう》するうちに「あのとき佐々木さんが言いたかったのは、こういうことだったんだな」というふうに、次第に私のメッセージを深いレベルで理解してくれるようになる。

文書化によって伝言ゲームになることを防ぐ

また人は、物事を自分の都合のいいように解釈する動物でもある。そのため一度口頭で言っただけでは、こちらの真意が伝わらず、曲解や誤解をされるリスクがある。

特に上司と部下の間で起きがちなのが、「課長がこうやれと言ったからやりました」「いや、私はそういうふうには言っていない」といった類のすれ違いである。こうしたすれ違いは、ちゃんと文書にしておけばほとんど起きないようになる。

さらに文書にしておけば、たくさんのメンバーと、同じレベルで情報を共有することが可能になる。いちばん避けたいのは、部長－課長－主任－平社員へと順次口頭で情報を伝えていくうちに、「伝言ゲーム」のようになり、部長が発した言葉と平社員が受け取った言葉がまったく違う内容になっている、という事態である。これを防ぐためにも文書のほうが確実である。

そして文書のもう一つの大きな魅力は、「よい文書は時代を超えて受け継がれていく」という点だ。私は課長時代、新しい部署に異動するたびに「仕事の進め方一〇カ条」という文書を部下に渡していた。するとその後、社内で課長研修の講師を務める機会があったときに、私が二十五年前に課長を務めていたときの課の現役の課長が、当時私が作成したこの「一〇カ条」を持っていることがわかり、驚いたことがあった。**いささか大げさな言い方をすれば、自分の考えを文書として残せば、後世の人にまで影響を与えることが可能になるのだ。**

大切なことを文書で伝えるとなると、「めんどくさい」という気持ちが先立つかもしれないが、習慣化すれば苦ではなくなる。口頭で伝えたことによって伝達ミスが生じ、その対応に時間を費やすよりは、少々面倒でも文書にしたほうが、仕事を効率的に進めることが可能になる。

口頭よりも文書にしたほうが、仕事は効率的に進む

大切なことは、口頭と文書両方で伝える

口頭だけの場合

真意が伝わらず、
曲解されるリスクがある

「言った」「言わない」の
すれ違いが起きる

文書にするメリット

たくさんのメンバーと同じレベルで
情報を共有することができる

いつでも読み返せるので、
自分の考えをより深いレベル
で理解してもらえる

説得力を高めるために

文書を作ることをめんどうがらない

11
仕事が速くなる！効率的コミュニケーション術

人に会ったらまず決めつける そして徐々に修正する

四六ページで私は、「相手の興味関心に合わせて、相手の心に響く話をすることが大切である」と述べた。「相手の興味関心」に合わせるためには、その前提として相手のことをよく知っておく必要がある。それもできるだけ早く知ったほうがいい。

特に社外の人の場合は、相手のことがようやくわかってきた時点では、もう一緒に取り組む仕事も終盤に差しかかっているケースが少なくない。もっと早い段階で相手のことを知っていたならば、話しかけ方や話の内容、コミュニケーションのとり方を変えて、より深い関係を築くことができたかもしれないことを考えると、もったいないことだといえる。

そこで私は、初対面の人については、交換した名刺に、会った日付と相手の印象を書き込んでいる。そして**「よく気がつくが、気が弱い人」とか「ビジネスライクに仕事を進めていくことを好む人」といったように相手のことを決めつけるようにしている。**

もちろん「人を決めつける」のは危険なことである。しかし、とりあえず決めつけておいてから修正していくほうが、早くその人の実像に迫ることができるのだ。

例えば「ビジネスライクに仕事を進めていくことを好む人」と決めつけていた人物と再会したときに、別の一面を持っていることがわかったら、自分のイメージを修正する。これを繰り返していると、だいたい三回ぐらい会ったところで、その人の実像を正しくつかむことが可能になるのだ。

逆に何も考えずに、ぼんやりと会っていては、いつまで経っても相手の実像を把握することは不可能である。

部下の実像把握も 早ければ早いほどいい

一方、社内の場合は長いつき合いになるので、社外の人ほどは急いで相手のことを知る必要はない。しかし、それでも早く知ったほうがよいことに変わりはない。

特に課長職の場合は、二、三年単位で部署を異動になるケースが少なくない。赴任して一年ぐらい経った時点で、ようやく部下の実像が見えてきたというのでは遅すぎる。一人ひとりの部下のことを早くから把握できていれば、それだけ部下との間で質の高いコミュニケーションをとることが可能になる。

私の場合は新しいチームに異動になったら、必ず部下全員と面談をするようにしていたので、その時点で部下の実像をかなりの確度でつかむことができていた。

しかし、まだその時点では「決めつけ」に過ぎない。**そこで一緒に仕事をする中で、面談のときに抱いた印象と違ったらそれを修正し、次第に実像へと近づけていくのである。**

「決めつける」というのは、言い方を変えれば「仮説を立てる」ということ。科学の実験と同じで、人を把握することについても、「仮説－検証」を繰り返すことで、早く真実に辿り着くことができる。

それによって、より説得力のある言葉をかけられるようにもなるはずだ。

人に会ったら、第一印象で相手のイメージを決めつける

佐々木流効率的コミュニケーション術

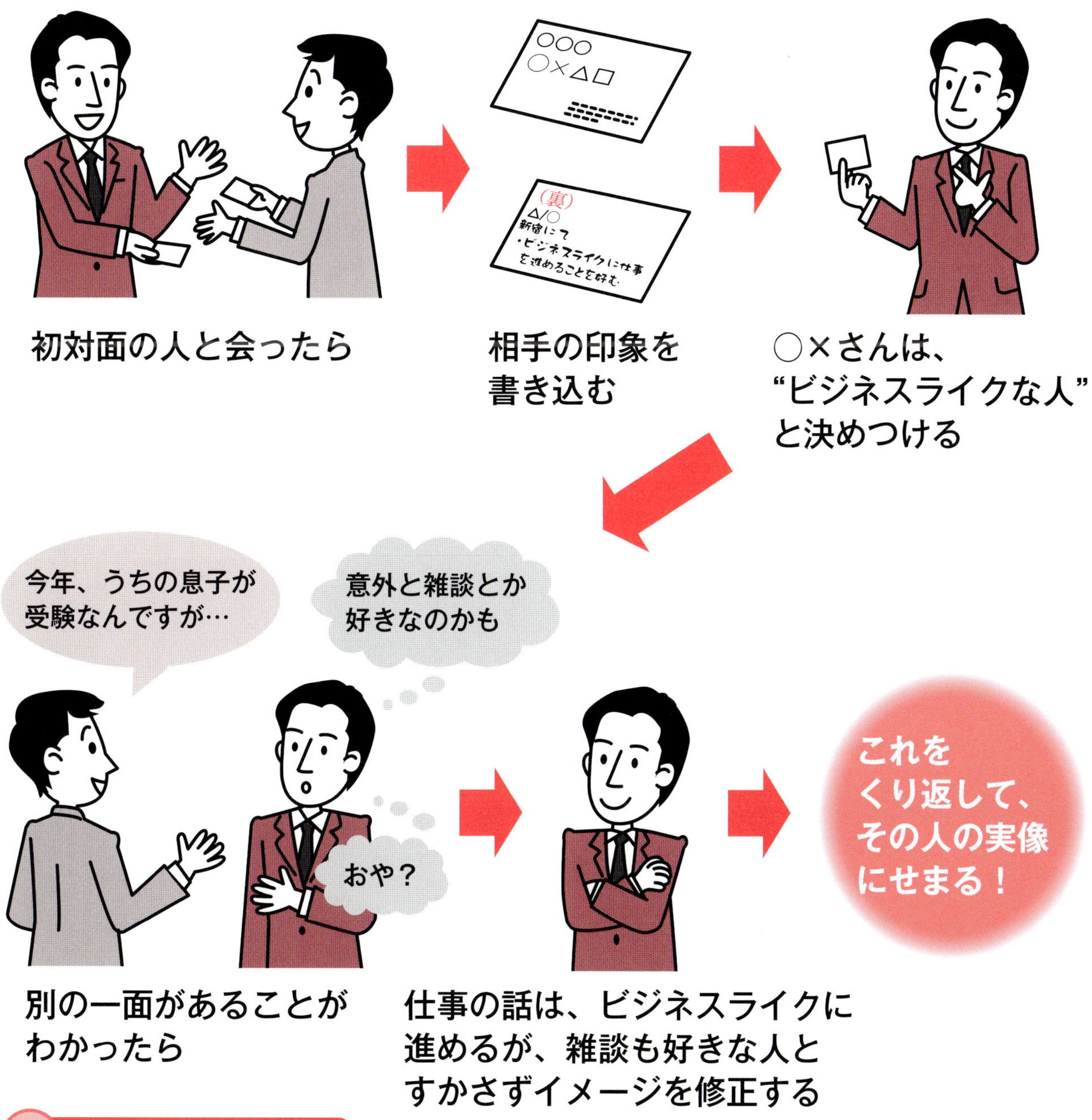
○○○
○×△□
（裏）
△/○
新宿にて
・ビジネスライクに仕事を進めることを好む
初対面の人と会ったら
相手の印象を書き込む
○×さんは、“ビジネスライクな人”と決めつける
今年、うちの息子が受験なんですが…
意外と雑談とか好きなのかも
おや？
これをくり返して、その人の実像にせまる！
別の一面があることがわかったら
仕事の話は、ビジネスライクに進めるが、雑談も好きな人とすかさずイメージを修正する

説得力を高めるために

社内でも同じ。部下の実像は早くわかったほうがよい

12 できの悪い部下ほど心を砕いて言葉がけをする

優秀な部下とそうでない部下で言葉がけを変える

人は集団を形成すると、不思議なことに、必ず二割の働き者と六割の中間層と二割の落ちこぼれに分かれるといわれている。私もいろいろな部署を経験してきたが、確かにどの職場でも、だいたい二：六：二ぐらいの割合になっていたような気がする。

このうち上の二割については、リーダーが細かい指示をしなくても、自分で物事を判断して適切な行動ができるものだ。だから私は上位層の部下に対しては、業務に関する具体的な話よりは、「人は何のために仕事をするのか」といった大きな話をいつもするようにしていた。彼らの仕事に対する志を育てることを重視したのだ。

一方、リーダーが日頃から心を砕いて言葉がけをしなくてはいけないのが、下の二割や中間層の六割の部下たちである。

実は彼らは、上の二割と比べると非常に伸びしろがある人材である。上位層の部下をどんなに鍛えても、せいぜい五パーセントから一〇パーセント程度の成長しか期待できないが、中間層や下位層の部下については、潜在能力をうまく開花させられれば三〇パーセントや四〇パーセントもの実力アップも不可能ではない。中間層や下位層を戦力化できれば、チームはとてつもない力を持つことになる。

部下の目線にまで下りて言葉がけができるか

彼らの中でも特に下位層の部下は、「自分はみんなと比べて仕事ができない」という劣等感を持っているものだ。そのため自ら主体的にさまざまな創意工夫をしながら仕事に取り組むことができず、上から何か指示をもらわないと動けなくなってしまっていることが多い。だからリーダーは、まずは彼らの劣等感を取り払う必要がある。

そこで私は、彼らに仕事を頼むときには主体性を引き出すために、単に「〇〇をやってくれ」と指示を与えるのではなく、「〇〇をやってほしいんだけど、あなただったらどんなふうにやる？」と問いかけるようにしていた。すると最初のうちは稚拙な答えが返ってくることも少なくない。そんなときには「でもそのやり方だと、こんな点でうまくいかない可能性が高いよね。だったらどうする？」ともう一度問いかけ直す。**そうやって彼ら自身に答えを見つけ出させて、納得させたうえで、仕事に取り組ませるのだ。**

そして仕事がうまくいったときにはしっかりと褒めてあげることで、彼らの自信を育んでいくのである。こんなふうにリーダーは、彼らの目線にまで下りていって言葉掛けをすることが大切なのだ。

しかしこれは「言うは易く行うは難し」である。仕事ができる人ほど、できない人の気持ちがわからないし、すぐにイライラして怒鳴ってしまったりするものだからだ。すると部下はますます萎縮して、仕事ができなくなっていく。

部下の目線にまで下りて、辛抱強く部下とつき合うことができるか。リーダーとしての度量が試されるのである。

すべての部下を戦力化するコツも話し方にある

チームカアップのためには
「中間層」と「下位層」のレベルアップが欠かせない

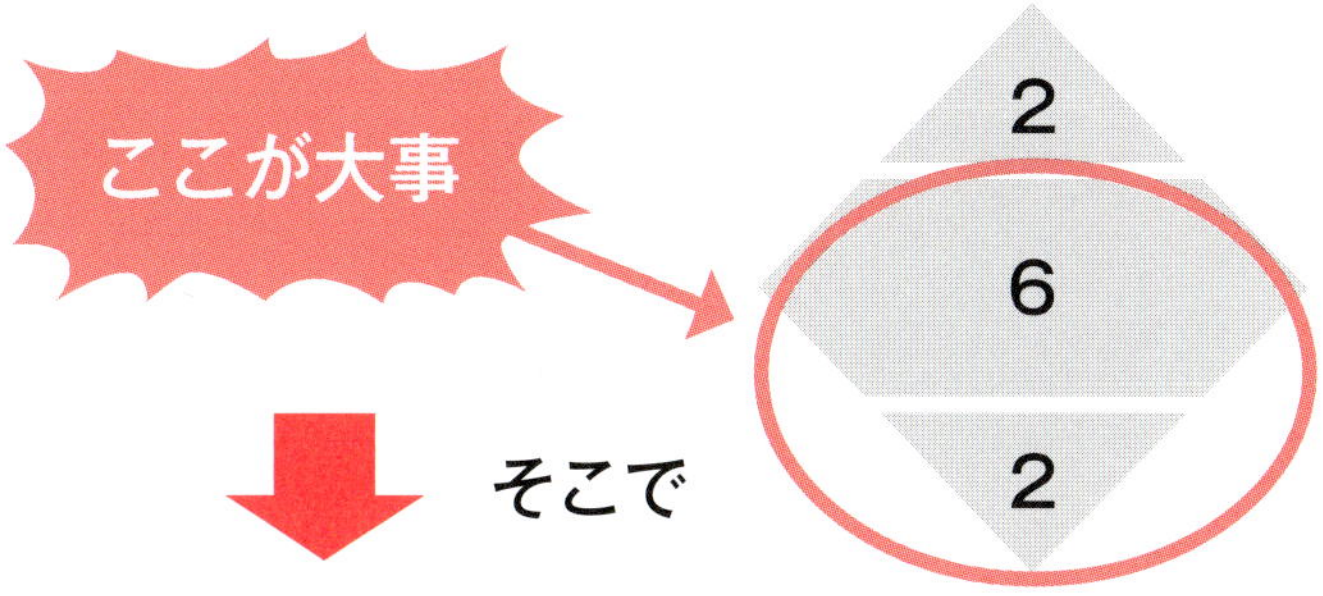
ここが大事
2
6
2
そこで

「中間層」「下位層」への言葉がけは、
より「イメージしやすい」「納得しやすい」ように

この仕事を
やってほしいんだけど
あなたならどうやる？
でも、
こういう場合には、
困るよね
そうか、
じゃあこうします
できました
すごいじゃない！
さすがだね

説得力を高めるために

主体性を引き出す言葉を選ぶ

13

正面の理、側面の情、背面の恐怖で部下と接する

部下に語りかけ、意見を聞く　しかし決定事項には従わせる

リーダーは部下に対して、チームとしてのミッションやビジョン、仕事に対する考え方や目標などを、言葉で示していくことが求められる。ただしこちらの思いや考えは、一回言っただけでは簡単には理解してもらえない。何度も何度も反復連打で言い続けることによって、初めてチームの中に浸透していくものだ。

また部下の意見を聞く姿勢も大切だ。リーダーが一方的に自分の考えを押しつけるだけでは、部下はけっして納得して動いてはくれない。リーダーに批判的な意見を持っている部下からも話を聞きながら、取り入れるべき部分は積極的に取り入れていくことが求められる。

ではリーダーとして部下にしっかりとメッセージを伝え、また部下の意見にも十分に耳を傾けたうえで、最終的な決断を下したにもかかわらず、その決断に不服を唱える部下が出てきたときにはどうするべきだろうか。

答えは簡単である。**リーダーの指示・命令には、有無を言わせず従わせるしかない。**「上司－部下」の垣根を越えて、活発に意見を言い合うことは大切だが、決まったことには従う義務が部下にはある。そうでないと組織は動かなくなるからだ。

どうしても従わない部下には　背面の恐怖を見せる

弁護士の中坊公平さんは、リーダーたるもの部下には、「正面の理、側面の情、背面の恐怖」で臨む必要があると述べている。

すなわち部下には、論理的に丁寧に説明し（正面の理）、時には愛情のこもった言葉掛けをしなくてはいけない（側面の情）。しかしそれでもこちらの言うことに従わないときには、「クビにするぞ」と脅かすこと（背面の恐怖）も必要になるときがあるという意味である。

私も中坊さんの考えに、まったく異論はない。私自身も部下に対しては理と情で接することを基本としてきたが、こちらがどのようにコミュニケーションや指導をしても応じない部下が一〇人に一人ぐらいの割合でいたものだった。

そういう部下まで面倒を見ることはない。会社は福祉事業をしているわけではないからだ。「決まったことには従ってもらわなくてはいけない。ここは会社なんだよ。従わなければどうなるかわかるね？」と背面の恐怖を見せるだけのことである。

背面の恐怖を見せても、なお部下が従おうとしなければ、本当に異動をしてもらうしかない。ある程度の規模の会社になれば、少しぐらい組織の中で働くことがそぐわない人でも、何とかやっていける部署があるものだ。

ただし背面の恐怖は、あくまでも最後の手段である。

理も説かず、情もかけないまま背面の恐怖をちらつかせているリーダーには部下はついてこない。

基本的には理と情だけでも十分にやっていけるものである。

最後の手段として、恐怖を使う

チームとしての決定に対して

基本は理と情でOK

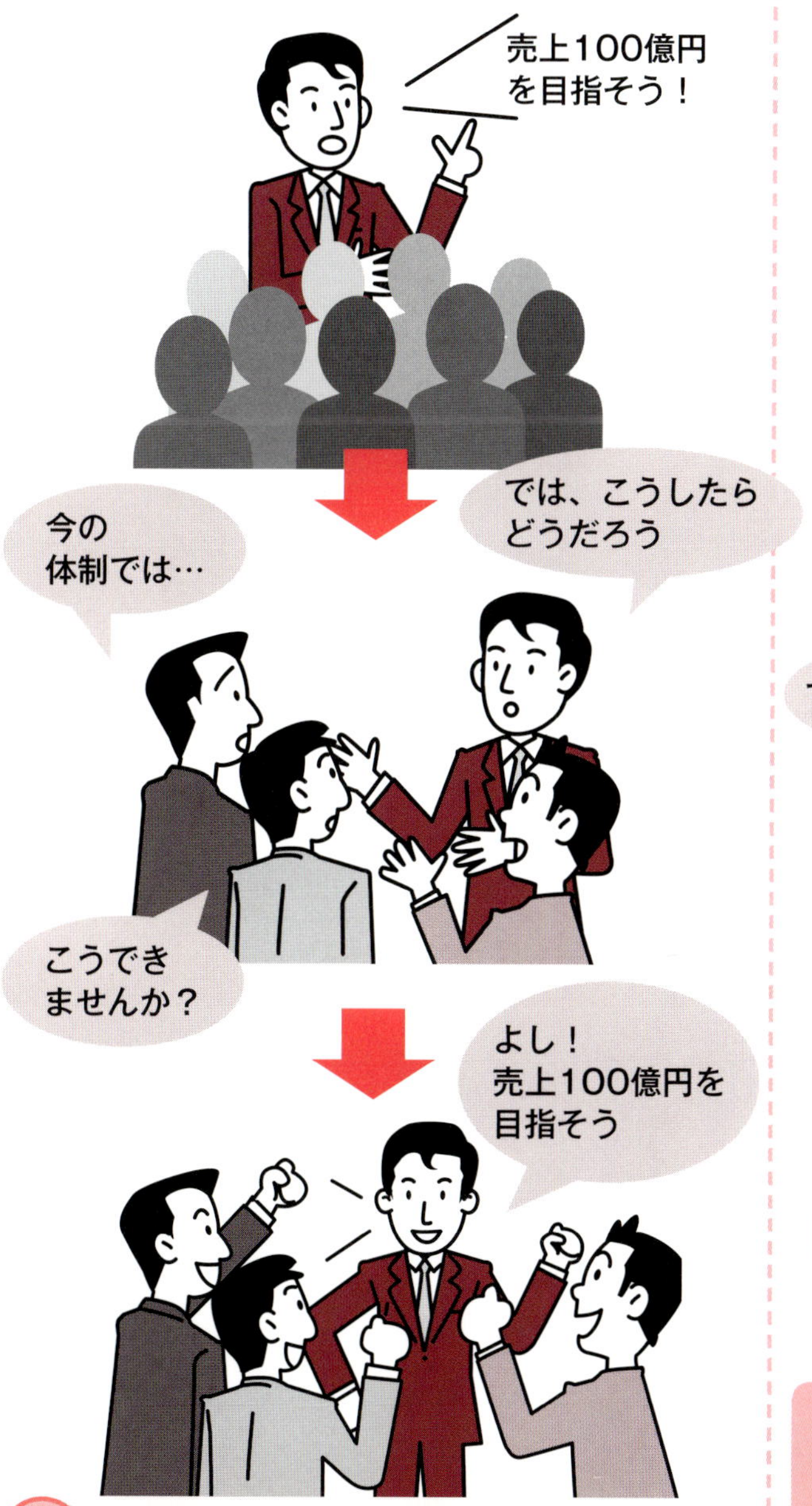
売上100億円
を目指そう！
今の
体制では…
では、こうしたら
どうだろう
こうでき
ませんか？
よし！
売上100億円を
目指そう

決まったことに従わない場合

ムダな作業を見直す
ために各々仕事の工程表
を提出してください
忙しくて、
そんな時間
ありません
事情はわかった。
では、こうしたら
どうかな？
できません
それでもダメなら
これは会社として、
決まったことだよ。
従わないなら、
どうなるかわかるね

最後の手段として、恐怖をちらつかせて納得させる

説得力を高めるために

決まったことは有無を言わせず徹底する

「人生は、自分を見つけるためにあるのではなく、自分を創造するためにある。だから思い描く通りの人生を生きなさい」

アメリカの思想家ヘンリー・デイヴィッド・ソローの言葉だ。

自分を創造していくとは自分の理想や目標をできるだけ高く設定し、それに近づけるために可能な限りの努力をするということである。

例えば、最初から話し方の上手な人はいない。自分を成長させたいという強い思いと粘り強い訓練によって、人を説得できる話し方を身につけていくものだ。

私は三十代の頃、重要な会議の前にはその会議の議題に関する自分の意見を取りまとめ、できるだけ簡潔に紙に書き出し、何度か練習していたことがある。そうした準備をして会議に臨めば、比較的自分の意見が通ったりするものだ。

また、毎年年末年始に今年一年でなすべきことを「年頭所感」という形でA４一枚にまとめることにしていた。そして一月四日、出社したら部下全員に配布していた。同じ仕事をするチームなので私の考えを理解し共有してもらわなくてはならないし、それに自分の考えを人に伝えるということは責任が生ずることだ。これを毎年繰り返したらどうなるだろうか。昨年は何を考えたか、三年前は何を決心したか、五年前はどうだったかを振り返ることで自分の成長の軌跡がよくわかる。

私は、ビジネスマン時代を通じて自分がもっとも成長したのは、四十代だと思っている。二十代、三十代は成長角度は高いが、経験が少ないし、知識もそれほど多くないので回り道をしたり、ミスをしたりする。しかし、年をとるとともに次第に賢くなっていって四十代になるとそういうことをしなくなる。

だから私は「二十代はプロになるために一生懸命に仕事をしなさい。ただし、四十代になったら『しなやかに』生きなさい」と言っている。

できるだけ時間の余裕を持つようにして、本を読んだり人と話をしたり、自己啓発の勉強をする。そういうことで自分を創造していくのだ。

そのためにも、いつも自分の目指す人生の設計図を描き、それに近づけようとすることが大事である。

第3章

「本音」「納得」「協力」をムリなく引き出す

話し上手は聞き上手と言われるように、話し方を磨く上では、聞き方を鍛えることも大事だ。とはいえ、聞き方も話し方と同じコミュニケーション。相手の立場に立って考える、という基本は同じ。

この章では、部下との雑談、面談、ミーティングなど様々なシーンで使える「聞き方」のテクニックを解説する。

1 相手の立場に立たなければ話を聞いてもらうことはできない

要領を得ない男性　高飛車な女性

「文は人なり」という言葉がある。文章を読めば、その人物の人となりがわかるという意味だが、**私はまた「話し方は人なり」であるとも思っている。**話し方を聞けば、その人の普段の仕事ぶりが、だいたい想像できるものだからだ。

　ある企業の講演会に講師として呼ばれたときのことである。三十代半ばぐらいの男性が司会進行を務めていたのだが、その男性の話しぶりがまことに要領を得ないものだった。話の道筋が整理されておらず、何が言いたいのかまったく理解できなかったのである。

「きっとこの人は、普段の仕事でも物事を論理的に考え、部下に的確な指示を与えることができない人なんだろうな」という印象を私は抱いた。

　一方で別の企業の講演会に呼ばれたときには、四十代半ばぐらいの管理職の女性が司会進行を務めていた。この人の話し方は理路整然としていて、進行役としての仕切り方も抜群にうまかった。しかし、この女性の話し方は、とにかく高飛車であった。

「これから佐々木先生は大切な話をするから、みなさんちゃんと聞きなさいよ。そして自分たちの仕事の改善のヒントにしなさい」といった話し方をするのである。こうした話し方をされれば、話している内容そのものは正論だったとしても、誰だって反感を抱く。

「おそらく、この人は個人としては仕事ができる人なのだろう。でもリーダーとしては問題があるな」という印象を私は持った。

　きっと職場でも高圧的な態度が原因で、部下との間で軋轢《あつれき》が生じることが多いのではないだろうか、とも思った。

相手の立場に立てる人は　話もうまいし、仕事もできる

　要領を得ない話し方をする男性と、高圧的な話し方をする女性は、まったく別人のように見えて実は根は同じである。それはどちらも「自分本位のコミュニケーション・スタイルになっている」ということだ。

「話す－聞く」とはコミュニケーションそのものである。自分本位の話し方では、一方通行のコミュニケーションにしかならない。どんな話し方をすれば、「相手にとって聞きやすいか」「相手が聞く姿勢を持ってくれるか」を意識しながら話すことが大切になる。

　また仕事についても、とりわけリーダーに関しては部下とのコミュニケーションが重要な要素を占める。

　部下の立場に立って、彼らが働きやすい環境を整えてあげたり、適切な言葉掛けをすることがリーダーには求められる。**つまり相手の立場に立って考えられる人は、相手の気持ちをつかむ話し方ができるし、仕事を円滑に進めることができるのである。**

　だからリーダーは、自分の話し方は、相手にどのように聞こえているかを考えて、相手の立場に立って話すことを心がけてほしい。

　すると話し方だけではなく、仕事の成果まで変わってくるはずだ。一石二鳥の成果が得られるのである。

相手の立場に立ったコミュニケーションをする

ある講演会での出来事

えー、本日お話をいただくのは、
その前にまず、講師のご紹介を
しますと、なぜこのような機会を～
要領を得ないなぁ…

しっかり聞いて
きちんと仕事に
活かしなさい！
これじゃあ
聞かないよ

どちらも共通しているのは、相手のことを考えていないということ

この表現だと
伝わりにくいから
他の言葉に変えよう

忙しそうだから
この話は
あとにしよう
ハイ！　ハイ！

会社でも部下、上司の立場になって話をすることが大切

聞き上手になるためのコツ

自分本位だと一方通行のコミュニケーションにしかならない

2 「話す？」「聞く？」求められている空気を察する

相手の要望に合わせて「話す」「聞く」の割合を配分する

私は四人兄弟の二番目だが、子どもの頃から現在まで、兄弟の前では基本的には「聞き役」である。とにかく他の三人が、よく喋るので、私の出番はゼロなのである。先日も二人の弟が奥さんを連れて東京に来たので、みんなで食事をすることになった。二時間半の会食の間、会話の中心にいたのはやはり二人の弟だった。

実は弟のうちの一人は前妻に先立たれて再婚をしたばかりで、新しい奥さんは私とはまださほど面識がなかった。そのため奥さんは私に対して、「お兄さんは講演会で講師を務めたり、本も書いているので、きっとお喋りなんだろう」というイメージを持っていたらしい。

だから私が二人の弟の聞き役に徹していたことが、とても意外だったようだ。不思議そうな顔で「お兄さんは何で自分から喋らないのですか?」と聞かれたので、「だって二人が喋りたがっているんだもん。聞いてあげなきゃいけないじゃない」と私は答えた。

もちろん私も、「聞き役」ではなく「話し手」になることを求められているときには、努めて自分のほうから話すようにしている。例えば、部下の相談事に乗るときでも、「○○の問題について佐々木さんだったらどうするか話を聞きたい」というときには、私のほうから積極的に話す。逆に「私がどれだけ悩んでいるか、話を聞いてほしい」というときには聞き役に徹する。

そこはバランスである。**会話を始めてしばらくすると、今日の相手は「自分の話がしたい」のか、それとも「こちらの話を聞きたい」のかが、だいたい見えてくるものだ。**

そこで相手の求めに合わせて、「今日は二対八の割合で、自分が話すよりも相手の話を聞くことに重点を置こう」とか、「七対三ぐらいの割合で、ちょっと自分が多めに話そう」といったふうに意識しながら、コミュニケーションをとっていくことが会話では大切になる。

バランス感覚がないと「失礼な人」になってしまう

このバランスを意識できないと、会話を実りあるものにすることはできない。

以前こんなことがあった。私の講演会が終わったあとに、関係者の何人かで食事会をすることになった。そのうちの一人に三十代後半ぐらいの男性がいた。出席者の中ではいちばん若かったのだが、なんと彼は約二時間の食事会の間、ほとんど一人で喋り続けていたのである。

講演会の打ち上げなので、当然主役は私である。だから私も「自分が中心となって話さなくてはいけない」という気持ちで食事会に臨んでいた。ところが彼の独擅場となったため、すっかり白けた気分になってしまった。

確かに彼の話し方は上手なのだが、「その場で求められているコミュニケーションができない人」という印象しか残らなかった。

バランス感覚がないと、話がいくら上手でも逆効果にしかならないのである。

「話す」「聞く」のバランス感覚を持つ

家族との食事で

いやいや
それよりも
そうだね
そういえば
あのとき…

お兄さんは
何で自分から
喋らないのですか？
だって２人が喋り
たがっているんだもん。
聞いてあげなきゃ
いけないじゃない

打ち上げの場で

ペラ
ペラ

１時間後

まったく
よく喋るな～
シラー
ペラ
ペラ
ペラ
ペラ

今は、話すことを求められているか、
それとも聞くことを求められているのかを敏感に察すること

聞き上手になるためのコツ

話すべきか、聞くべきかに気づけることは、うまく話せるよりも大切

3

そもそも人は自分のことを話したい

人は「私は」「僕は」を口に出さずにはいられない

前項で私は、相手が話したがっているときにはこちらは聞き役に徹し、相手がこちらの話を聞きたがっているときには、自分のほうから積極的に話すようにすることが大切だと述べた。

ただ、気をつけなければならないのは、人は基本的には、「自分の話をしたい」ということだ。要は、「聞く」ことよりも「話す」ことのほうが好きなのだ。

私は以前、会社の課長研修で「私は」「僕は」という言葉をいっさい使わないで、二人で対話をするというゲームに参加したことがある。こちらが三十秒間話したら、相手に三十秒間話してもらう。話すテーマは何でもいいのだが、一つだけ決められていたのは「私は」「僕は」という一人称の言葉がひと言でも出てきたら、その時点で負けというものだった。すると、みんな三分もしないうちに「私は」「僕は」という言葉が出てきてしまったのだ。いかに人は、相手の話を聞こうとせずに、すぐに自分の話をしたがるのか。そのことを実感させられるゲームだった。

部下が本音を話さない原因はリーダーにある

だから誰かと会話をするときには、「相手は自分の話をしたがっている」ことを前提にしたほうがいい。そして、こちらは聞き役に回る。すると自分の話をしたい人が多い中で、聞き役ができる人の存在は貴重だから、相手はうれしくなって、どんどん自分の話をしてくれる。こうして会話が充実したものになるのだ。

これはリーダーと部下の関係も同じである。リーダーの中には「部下が本音を話してくれない」ことに悩んでいる人もいるかもしれない。**しかし部下が本音を話してくれないのは、リーダーが聞き役に回ることができていないからである。**

例えば部下を酒の席に誘っても、相手の話を十分に聞かないうちから、「そういうとき俺の場合は……」といったようにすぐに自分の話をしてしまい、時には説教まで始めてしまう人は少なくない。また面談の場面でも、部下の失敗や弱点を指摘したり、叱ってばかりの人がいる。これでは部下が口を閉ざして当然である。

しかも、こういう人に限って、「最近の若いヤツは本音を言わない」と愚痴をこぼす。しかし問題は、本音を言わない若い部下の側にあるのではなく、本音を言わせないリーダーの側にあるのである。

「上司－部下」の関係においては、上司が部下に指示を出したり指導をしたりといったように、上司が主導権を取って話す場面のほうが圧倒的に多いものだ。部下は上司の指示や会社の方針に対して思うところがあっても、なかなか口にすることはできない。

だからこそ酒や食事、面談のときには、上司は聞き役に回り、部下に話をさせるべきである。部下から信頼を得られるリーダーになるためには、「話し上手」である以上に「聞き上手」でなくてはいけない。

部下が本音を言わないのは、上司が聞けないから

聞き役に回れないと

新しい仕事はどう？
もう慣れた？
それが、なかなか
うまくいかなくて…
ペラ
ペラ
それは、仕事のやり方
を変えたほうがいいね。
例えば…
やあ、その後
どうかな？
……
大丈夫です

部下の話を聞けると

仕事がうまく
いかなくて…
何か原因が
あるの？
実は、プライベート
で困っていまして…
その後、どう？
うまくいってる？
おかげさまで
解決しました！

特に酒の席で仕事の話となると、
一方的に話して満足していることが多いので注意

聞き上手になるためのコツ

「自分の話をしたい」という気持ちを抑える

4 部下の本音を引き出す質問力

まず、リーダーが自分をさらけ出す

部下から本音を聞き出すために、課長時代の私が重視していたのが面談である。新しい部署に異動するたびに部下全員と面談をしていたし、それ以外にも年二回、一人につき二時間ずつ面談をおこなっていた。

面談の内容は、仕事のことにとどまらず、子どもの教育や親の介護、本人の健康等のプライベートな話にまで及んだ。仕事とプライベートは、切っても切り離せない関係にある。プライベートで問題を抱えていたら、それは仕事にも影響するし、逆もまた然りである。

だから私は面談では部下のプライベートまで聞くようにしていたし、もしプライベートで問題を抱えていることがわかったときには、できる限りのサポートやアドバイスをするようにしていたのである。

もちろん部下の中には、プライベートについては話したがらない人もいる。**そういう人からは無理に聞き出す必要はない。**

ただ私の場合は、長男の自閉症のことや、妻が肝臓病になり、さらにうつ病も併発してしまったことなどを包み隠さず部下に話していたので、部下も本来であれば話しづらかったであろう悩みを打ち明けてくれることが多かった。

こんなふうにリーダーが自分をさらけ出して、本音で部下と接していれば、部下も自分をさらけ出してくれるものなのである。

多面的に質問すると部下の素顔が見えてくる

また私は、仕事についての本音を部下から引き出すときには、できるだけ多面的に質問することを心がけていた。

上司はその部下が担当している業務について、つい根掘り葉掘り聞いてしまいがちだ。だがそれだと部下は尋問されているような気分になり、「ボロが出てはいけない」と身構えてしまう。

そこで私は**「君はこの課がどんなふうになればいいと思う?」「会社はどういう方向に向かうのがいいと思っている?」「来年はどんな新入社員に入ってきてほしい?」といったように、担当業務と直接は関係ないレベルの質問についても部下に振っていくようにしていた。**

こうした質問であれば、部下も比較的本音を話しやすいものだ。またこういった話題の中から、「部下が日々どんな気持ちで仕事に取り組んでおり、会社や部署に対してどんな思いを抱いているか」といった部下の素顔が見えてくるものである。

ただし私は、部下の本音を引き出すためにいちばん大切なのは、「部下のことを思う気持ち」だと考えている。

リーダーが部下のことを本気で思って「何か困ったことはない? 大丈夫?」と聞けば、部下も本音で答えてくれるはずだ。

逆に質問テクニックをいかに駆使したとしても、思う気持ちがなければ部下は心を開いてくれない。そういうリーダーは信用されないからだ。思う気持ちが、相手の心を動かすのである。

直球ではなく、多面的に質問する

部下との面談では、仕事以外の話も質問する

本人の健康
趣味
仕事
子どもの教育
恋愛
親の介護

注意 ただし、プライベートについて話したがらない人もいるので、そういう人にはムリ強いをしない

ポイント 自分のプライベートを打ち明けると、部下も自分の話をしやすくなる

本音を引き出すテクニック

君は、この課がどんなふうになればいいと思う？
業務に問題がないか知りたいな
担当業務とは直接関係ないレベルの質問についても部下に振っていく

聞き上手になるためのコツ

部下のことを本気で考えれば、部下も本音で答えてくれる

5

上司・部下との二人っきりでも会話に困らない方法

私は東レにいたときには、社内の自分に関係する人たちについては、上司・部下を問わず、その入社年度、出身地、出身校、誕生日、家族構成、趣味、その他の特徴などを手帳に書いて暗記するようにしていた。

すると例えば、隣の課の社員と何かの機会で一緒になることがあったときに、暗記した情報をもとに「○○さんは、たしかうちの課の△△と同期だよね」と話しかければ、「そうなんですよ。彼とは新入社員のとき同じ社員寮に住んでいて、部屋も隣同士でした」といったふうに話が広がっていくものである。そこから「じゃあ独身時代には、うちの△△とはよく一緒に遊びに行ったの?」というふうに振れば、単なる世間話に終わらず、自分の部下のプライベートを知るきっかけにもなる。

また部下の趣味については、普段から関心を持って観察していれば、「彼はこの前、同僚と海外サッカーの話をしていたから、きっとサッカーが好きなんだな」というふうに自然と情報収集ができるものである。

要は、雑談は自分が話すのではなく、相手に気持ちよく話させることを意識したほうがうまくいくということだ。

二人っきりの状況で無理に話をしなくてもいい

とはいえ、これまで上司と部下、両方の立場にもなったことがある私の経験から申し上げると、面談以外での例えば、移動の新幹線や車中での二人っきりというのは、上司・部下どちらにとってもつらい状況である。

ましてや、そうした際に雑談をしなければなどと考えているとなおさらだろう。

この問題のいちばんいい解決策は、部下と二人っきりという状況を避けるということだと思う。お互い長時間一緒にいると、ろくなことがないのだから、新幹線なら離れて座ればいいし、ちょっとした移動時でも、「俺、しばらく本を読みたい」と言えばいいのだ。

打ち合わせのあと、仕事についての最低限のすり合わせは必要だが、それ以外は、無理をする必要はない。そんなところで無理をしてもムダに疲れてしまうだけなのだから。

上司・部下の経歴や人となりを手帳に書いて暗記する

私の場合、そういったことはまったくなかったのだが、「部下との面談で仕事以外の話題だと、会話が続かない、ということはないか?」と聞かれたことがある。

どうやら、最近の上司が抱えている悩みの一つに、「部下と雑談をするのが苦手」というものがあるらしい。

たしかに、年齢が大きく離れていたり、異性の部下だったりすると、仕事以外で共通の話題を見つけることが難しいのかもしれない。

特に二人っきりの状況だと、どちらかが黙ってしまうと沈黙が続いてしまう。

しかし私は、雑談はそんなに難しいことではないと思っている。

人は基本的に、自分に関することや自分が興味を抱いていることであれば、喜んで話すものだ。**だから雑談に困ったら、部下が喜んで話し出してくれそうな話題を振ればいいだけのことである。**

無理して話さない!?

仕事でちょっと一緒になったとき

そういえば彼は
学生時代サッカー
をしていたな
……
……
○○さん、
昨日のプレミア
の試合見た？
見ました！
部長もご覧に
なったんですか？
実は今度、
生で観戦しに
行くんですよ～
ペラペラ

無理に自分が話すのではなく、
相手に話をしてもらう

移動のとき

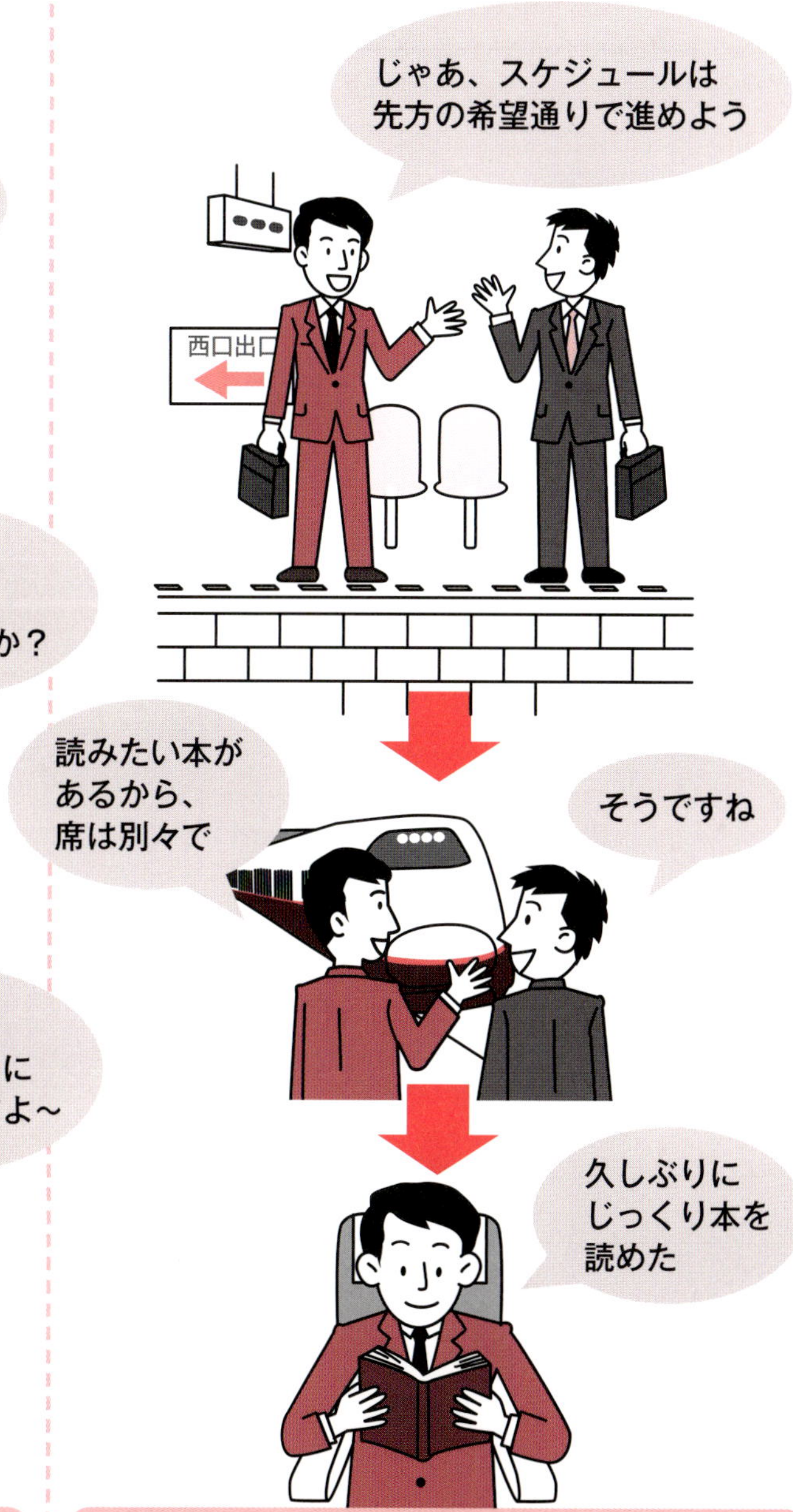
じゃあ、スケジュールは
先方の希望通りで進めよう
西口出口
読みたい本が
あるから、
席は別々で
そうですね
久しぶりに
じっくり本を
読めた

長時間一緒という状況を
作らない

聞き上手になるためのコツ

長時間2人っきりというのは、上司、部下ともにツライ！

6

異端児から意見を引き出しチームの強化に結びつける

異端児を活用できているチームは強い

私は、異端児を活用できるチームは強いという持論を持っている。異端児とは、ほかの部下とは異なる視点で物事が見られる人のことである。

メンバー全員が「Aを選択するべきだ」と言っている中で、**異端児は「いや、Bにするべきだ」と異論を唱えることができる。**その異論によって、チームの中に「なるほど、そういう考え方があったのか」という気づきが生まれ、イノベーションが起こるきっかけとなることがあるからだ。優れた新製品の開発や業務改革は、異端児の異論に端を発することが少なくない。

しかし多くのチームは、異端児を十分に活用できずにいる。なぜなら異端児はチームの中では「困った人」とか「落ちこぼれ」と見なされがちだからだ。異端児自身も、自分の存在がチームに受け入れられていないことに気づくと、積極的に発言することを控えるようになる。こうしてせっかくいいアイデアを持っている異端児がいたとしても、組織の中に埋もれてしまうのだ。

まるごと受け入れる姿勢で言葉掛けをする

だからリーダーには、異端児が持っている独自の発想や意見を引き出していくことが求められる。

私の経験で言えば、だいたいの場合、異端児は、「どうせ自分の意見なんて認めてもらえない」とあきらめているので、斜に構えていることが多いものだ。だからわざとこちらがカチンと来るようなことや、本音では思ってもいないことを口にしたりする。

しかし、それでもなおリーダーは「あなたの意見を知りたいんだ。教えてくれないか」という真摯なスタンスを崩さないことが大切である。**相手の存在をまるごと受け入れる姿勢で言葉掛けをしていくのだ。**そういう姿勢で接せられれば、たとえ異端児でも自分の言葉に責任を持って発言するようになる。こうして異端児が素直な気持ちで話ができる関係を築いていくのである。

また、さまざまな局面で異端児の意見を聞き、彼のアイデアを採用することも大切だ。彼は自分を受け入れてくれるリーダーに好意を抱き、感謝をするはずである。また異端児の意見を採用することは、リーダーが「彼の存在を認めている」ことを、ほかのメンバーに示すことにもなる。

私は異端児を活かせるかどうかについては、リーダーの許容力がカギを握ると思っている。私たちは、自分とは価値観が異なる人間の意見については、最初からシャットアウトして聞く耳を持たない状態になりやすいものである。

しかし優れたリーダーは、自分の狭い価値観の枠組みに囚われずに多面的に人を評価することができる。異質な意見を受け入れられるだけの精神的な余裕がある。異端児の部下に対して、そういう心の余裕を持ちながら接することができるかどうか、器の大きさが試されるのだ。

先入観なしに相手の話を聞く

異端児を活用できるリーダーとは

やれやれ
どうして
そう思うの？
別にいいんですけどね

不信感があると、相手の意見は引き出せない

待て待て、
彼の視点は新しいよ。
どうしてそう思うの？
なぜかと
言うと…

話を聞こうというスタンスが伝わると、画期的な意見が出てくる

さらに

この案件、
あなたはどう思う？
意見を聞きたいんだ
この人は
信頼できる

さまざまな局面で異端児の意見を聞き採用することで、信頼関係を築ける

聞き上手になるためのコツ

異質な存在を丸ごと受け入れられる余裕を持つ

7 「今日は、自由に発言していいから」という会議が盛り上がらないわけ

思考の準備ができてないと意見は出てこない

リーダー自身も答えが見つかっていないような課題については、一六ページで述べたようにメンバー全員で知恵を出し合うための「場」を意識的に設定する必要がある。

しかし、いざミーティングの場を設定して、「今日はみんな自由に発言していいぞ」と部下に促したとしても、誰も意見を言おうとせず、場がシーンと静まりかえってしまったという経験をしたことはないだろうか。仕方なく部下全員に順繰りに発言をさせたのだが、みんなろくなことを言わない……。

こういうことは、どこの会社のミーティングでもよく見られることである。

こうしたことが起きるのは、部下の間でその問題について考えるための「思考の準備」ができていないからである。例えば業務改革がテーマなら、リーダー自身は業務改革の必要性を十分に感じていたとしても、部下も同じレベルで問題意識を共有できているとは限らない。

部下は日々の業務に追われているため、「業務改革」よりも「与えられた業務をどうこなしていくか」ということに意識が向きがちだ。リーダーと同じ視点の高さで問題意識を持つことは難しいのだ。

議論の呼び水となる仮説を提示する

そこでリーダーは、「場」を設定して部下に議論をさせるときには、「議論の呼び水」となる仮説を投げかけることが大切になる。業務改革がテーマであれば、「いまの仕事のやり方だと、どんなところに問題が生じているか」についての具体例を挙げたうえで、「業務改革の方法としてはA案、B案、C案の三つぐらいがあると思うけれども、みんなはどう考える?」というふうに仮説を提示するのだ。

すると仮説が思考のとっかかりとなって、「A案のままだと、自分の担当業務のこんな部分に支障が生じる。だからA案をこう改善したらどうだろう?」とか、「いやいや、三つの案以外にD案という案もあるんじゃないかな」といったように、議論が活発化していくのである。

だからリーダーは、チームが抱えているある課題について、「答え」は持っていなくてもかまわないが、「仮説」は持っておく必要があるのだ。

またメンバーから意見を引き出すうえで、もう一つ大切なのは、日頃から部下の問題意識や興味関心をしっかりと把握しておくことである。

すると、あるテーマについてみんなで話し合うときにも、「このテーマだったら、彼がきっと意見を持っているはずだな」という人物が見えてくるものだ。そこで彼を議論のキーマンに据えれば、より充実したミーティングになるはずである。

ただ「場」を設定するだけでは、実りある議論はできない。リーダーには、仮説を用意したり、キーマンを定めたりといった話す力が求められる。

ただ場を作るだけでは足りない、実りある議論に誘導する

ダメなミーティング

業務について
問題ない？
みんな自由に
発言していいぞ！
……
……

何もないの？
Aさん、どう？
えっ…
特にないん
ですけど…

場を設定しただけでは誰も意見を言わない

実りあるミーティング

今日は、○△の業務改革
について相談したくて
集まってもらいました
方法は、A、B、Cと
三つあると思うけど
どう思う？

ワイワイ
ガヤガヤ
それよりも、
D案という考えも
あるでしょ
A案だと、
確認作業が大変
だからこうしては？

同じレベルで問題意識を共有して議論ができる

「場」を設定し、議論のきっかけを投げかけることがリーダーの仕事

聞き上手になるためのコツ

手ぶらで会議にのぞまない。仮説を持っておく

「人は不合理で、わからず屋で、わがままな存在だ。それでもなお、人を愛しなさい。」

ケント・M・キースは『それでもなお、人を愛しなさい』（早川書房）の「逆説の十カ条」で「それでもなお、良いことをしなさい。」「それでもなお、弱者のために戦いなさい。」など十のテーマを述べている。

私は、その十カ条のうち九つは少し真似ができると思ったが、一つだけできないことがあった。

それは第一条「それでもなお、人を愛しなさい」である。

私は相手を好きになると相手も私を好きになり、信頼もしてくれるのでなるべく多くの人を好きになろうと考えている。しかし、一〇人のうち八人、九人ほどは好きになれるが、一人くらい嫌な人がいるものだ。

その最後の一人まで好きになったらどうなるのか。そんな神さまみたいな人がいるのだろうか？

人類の歴史の中にはそういう人が少しだけいた。マザー・テレサやガンジーやイエス・キリストなどである。私はガンジーの映画を観たことがあるが、インドのほとんどの人はガンジーを尊敬し、ガンジーを愛している。それはガンジーがあらゆる人を愛したからだ。

ガンジーが現れると多くの人々が一言でも話したい、手を握りたいとガンジーに近寄ってくる。私はその映画を観て、インドでもっとも幸せな人はガンジーだと思った。

今、目の前にある難しい仕事に全力で取り組み結果を残したり、ちょっとそりの合わない人ともきちんとパートナーシップを組んでいく。そういう難しいことをしながら、人は自分を磨いていく。自分を磨くということは自分が成長することであるが、成長することによって、多くの人に愛されるという、その人にとってもっとも大きな幸せにつながっていく。

人に自分の考えを主張する前に相手のことを理解しなくてはならない。相手の立場や考え方を受け入れた上で話をしなければ、説得力のある話し方にはならない。

人を理解し受け入れるということは、人に対する寛容と愛情が必要であり、その積み重ねで、お互いの理解や信頼につながっていく。

第4章

意見が通って当たり前になる話し方

ここまで読んでくださった読者の方は、コミュニケーションで何が大切かということが、何となくつかめたのではないだろうか。

この章では、それらを踏まえた上で、さらに自分の意見を通すための戦略的なテクニックを解説する。日々の会議に活用して、思い通りの結果を実現してほしい。

1 会議では真っ先に発言して主導権を握る

中間派の人たちをいかに早く取り込むか

みなさんは、会議のときに自分の意見を通すのは得意だろうか。会議で意見を通すためには、「何を話すか」がもちろん大事だが、**「どのタイミングで話すか」ということも同じくらい大事である。**例外はあるが、私は会議のときには口火を切って真っ先に発言したほうが、主導権を握りやすいと考えている。

例えば、以前、「タクシー事業を巡る諸問題」について検討する国土交通省の審議会に委員として出席したことがあった。タクシー事業については、規制緩和派と規制強化派がいるが、私は規制強化派である。

タクシー業界は、小泉内閣のときに規制緩和を進めたために供給過剰となり、一社当たりのタクシー会社の売上や運転手の給料が大幅に下がってしまった。するとタクシー業界は、売上の維持を図るために値上げをおこなわざるを得なくなる。つまり消費者にしわ寄せが来るわけだ。タクシー業界は、規制緩和が消費者に利益をもたらさないという特殊な業界であり、よって私は規制強化派であった。

国土交通省の審議会の委員には規制緩和派、規制強化派、中間派がバランスよく選ばれていた。そのため議論の主導権を握るためには、中間派をいかに早く取り込むかがカギとなった。勝負は序盤に決まるのだ。

そこで私はあらかじめ自分の発言内容を文章にして納得のいくまで練り上げ、それを暗記するぐらいまで覚えた。そして第一回の審議会での議論が始まった最初の時点で、真っ先に挙手をして規制強化論を述べた。これによって審議会の雰囲気は一変。中間派と目される人たちが、次々と規制強化に賛成する意見を述べ始めたのである。

国土交通省の審議会に限らず、ほとんどの会議では、明らかな賛成派、反対派は少数で、中間派が多数を占めるものである。だから会議では、真っ先に説得力のある発言をすることによって、中間派を味方につけることが重要になるのである。

実力が認められていないと立派な意見でも採用されない

ただし会社の会議の場合は、本人としては真っ先に説得力のある意見を言ったつもりでも、中間派がまったく自分のほうに傾いてくれないことがある。理由は簡単。メンバーから信頼されていないからだ。

会社のように、長く一緒に仕事をしている者同士であれば、既にお互いの実力はだいたいわかっている。だから実力を認められていない人が、どんなに立派な意見を言ったとしても、残念ながら相手にされないのである。**そうした場合は、自分と意見が同じ人に代わりに発言してもらうという方法が有効だ。**

自分の意図する方向に議論を誘導するには、みんなの意見を聞くのもいいが、自分と近い意見の人に話をさせるとうまくいく。

つまり会議では「何を話すか」と「どのタイミングで話すか」ともう一つ、「誰の発言か」ということも、非常に重要なファクターになるのである。

内容も大事だが、話し方でも成果は変わる

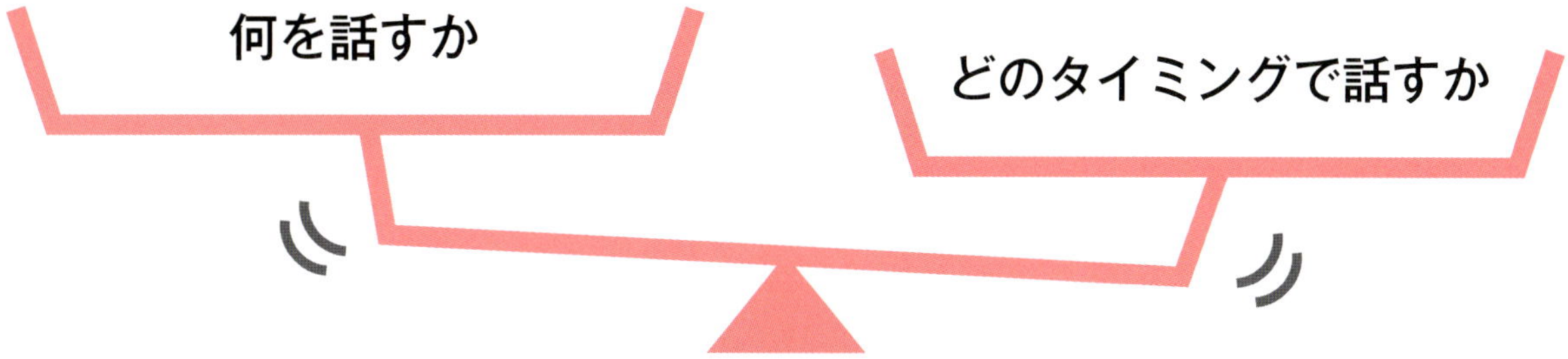
何を話すか
どのタイミングで話すか

同じくらい大事！

会議で主導権を握る方法

援護しますので
ぜひ発言してください
今度の会議のテーマ
こう思いませんか？

なるほど
ハイ！

この件については、
××がいいと思います

会議では、真っ先に発言することで中間派を味方にできる！

自分と同じ意見で発言力のある人に代わりに話してもらう

意見を通すワザ

真っ先に説得力のある発言をする

2 会議とは予測のゲームである

後出しのほうが意見が通りやすい場合もある

前述したように、会議では口火を切って発言したほうが、基本的には主導権を握りやすいものだ。野球でも、先制点を取ったほうが試合を有利に進められるのと同じである。私もほとんどの会議では、まず真っ先にインパクトと説得力のある意見を言うことを心がけている。

ただし中には、そう一筋縄ではいかない場合もある。自分の意見に反対するメンバーが多いときなども、その一つだ。

せっかく口火を切って発言をしても、その直後に反対意見を次々と出されてしまったら、最初に述べた自分の発言など、あっという間に多数派の前にかき消されてしまう。

こういう場合は、ある程度意見が出尽くした段階で、「Aさんの意見にはこういう長所と短所があり、Bさんの意見にはこういう長所と短所がある。そこで、こうしてみてはどうでしょう」といった形で意見を繰り出すと、自分の提案が採用される確率が高まったりする。後出しじゃんけんのほうが勝つこともあるのだ。

ビジネスとは予測のゲームである。社内会議であれば、出席者の顔ぶれを見れば、誰がどんな発言をするかおおよそ予測ができるものだ。

そこで会議の流れをシミュレーションしながら、「最初に発言するか、最後に発言するか」「どんな切り口で発言するか」について十分に練ったうえで、会議に臨むようにするのである。

反対意見に対する想定問答を作っておく

シミュレーションをするときに、もう一つ大切なのが、自分が意見を言ったときに、反対者からどのような反論が返ってくるかについても予測をしておくことである。

どんなテーマで議論をするときでも、反対意見というのは、そんなにたくさんの種類が出てくるものではない。多くても三種類か四種類程度である。また先ほども述べたように、社内会議の固定化されたメンバーであれば、誰がどんな反対意見を言い出すかについてもだいたいわかるものだ。

そこで会議の前には、予想される反対意見を洗い出したうえで、「こう言われたときにはこう切り返す」という想定問答を作っておくのである。

重要な会議になると、緊張してしまっているために、普段であれば楽に切り返すことができるレベルの反対意見についても、咄嗟に言葉が浮かんでこないことがある。反論に対して、すぐに答えられなければ、それは相手に論破されたことを意味する。せっかくの素晴らしい意見が、咄嗟の切り返しができなかったために潰されるというのは、絶対に避けたい。だからこそ事前準備が肝となるのである。

私は、会議は戦略だと考えている。大事なプレゼンの前には、誰でも事前に戦略を練ると思うが、それと同じような事前準備が会議にも求められるのである。

特に反論に対する切り返しを準備する

ビジネスは予測のゲーム
新商品の発売は年末にしよう
発言に対して
それでは遅い！ お客さんは、今すぐにでも欲しいって言ってるんです
いや、この生産台数にすぐに対応できるところはないよ
生産ラインさえ確保できれば前倒しはできるんですね

・どんな反対意見が出るか
・誰がどんな意見を言うか
社内会議であれば、予想できる

意見を通すワザ

会議の前のシミュレーションを欠かさない

3 会議のときは十五分前に席につく

当ててほしいときは目立つ席に座る

私は会議が始まる十五分前には会議室に入るようにしていた。

理由は二つある。一つは誰よりも早く会議室に入れば、席を自由に選ぶことができるからだ。

私は自分にとって重要度が低い会議には極力出席しないようにしていたが、立場上やむを得ず出なければいけないものもあった。そんなときは書類の入ったクリアファイルを会議室に持ち込んで、会議そっちのけで「内職」に励んでいた。しかし「内職」が偉い人に見つかると大目玉を食らうことになる。そこで偉い人の席から死角になる席を、早めに行って確保するようにしていたのである。半日ほどの無用な会議の中で、大きな仕事を二つはこなすことができたから、これは大きかった。

また逆に「今日は偉い人に自分の意見をちゃんと聞いてほしい」というときには、やはり早めに行って、その人の目の前の席を確保するようにしていた。**会議中に誰よりも目立つ席に座って、いかにも意見を言いたそうな顔をしていれば、当ててくれるものである。**

会議前の十五分間をシミュレーションに充てる

私が十五分前に会議室に入っていたもう一つの理由は、その日の会議の配布資料に目を通すためである。

みなさんの会社はどうかわからないが、東レの場合は会議のときに配られる資料がかなり多かった。**そこで私は会議前の十五分間を使って、資料を一通り読み、その日の会議のポイントをつかむようにしていたのである。**

場合によっては配布資料が用意されていないこともあったが、そんなときは常に持ち歩いているファイルから書類を取り出して、会議が始まるまでの間「内職」をしていればいいだけのことである。

この十五分間が、私にとっては前項で話した予測の時間に当たった。この時間を使って「今日の会議のポイントはこの部分で、きっと○○さんはこういう発言をするから、私はこう言おう」というふうにシミュレーションをするのである。

こうしたシミュレーションは、繰り返せば繰り返すほど予測精度が上がっていくものである。

一方、私以外のほとんどの人は、会議開始時間ぎりぎりになって会議室に飛び込んできていた。当然資料に目を通す余裕はない。そのため会議が始まり、担当者の説明を聞いて、ようやく概要を把握できる。だから自分の意見を言うときも、相手に反論するときも、常にぶっつけ本番で臨まなくてはいけなくなるのである。

私と彼らの違いは、十五分前に会議室に入ったか、直前になって入ったかというわずかなことである。しかし、このわずかな違いが、大きな違いとなって表れてくるのである。

だからみなさんも会議で自分の意見を通したければ、ほんの小さな手間も惜しまないでほしい。

たった15分の違いが、ビジネスでは大きな違いになる

15分前に席につくと

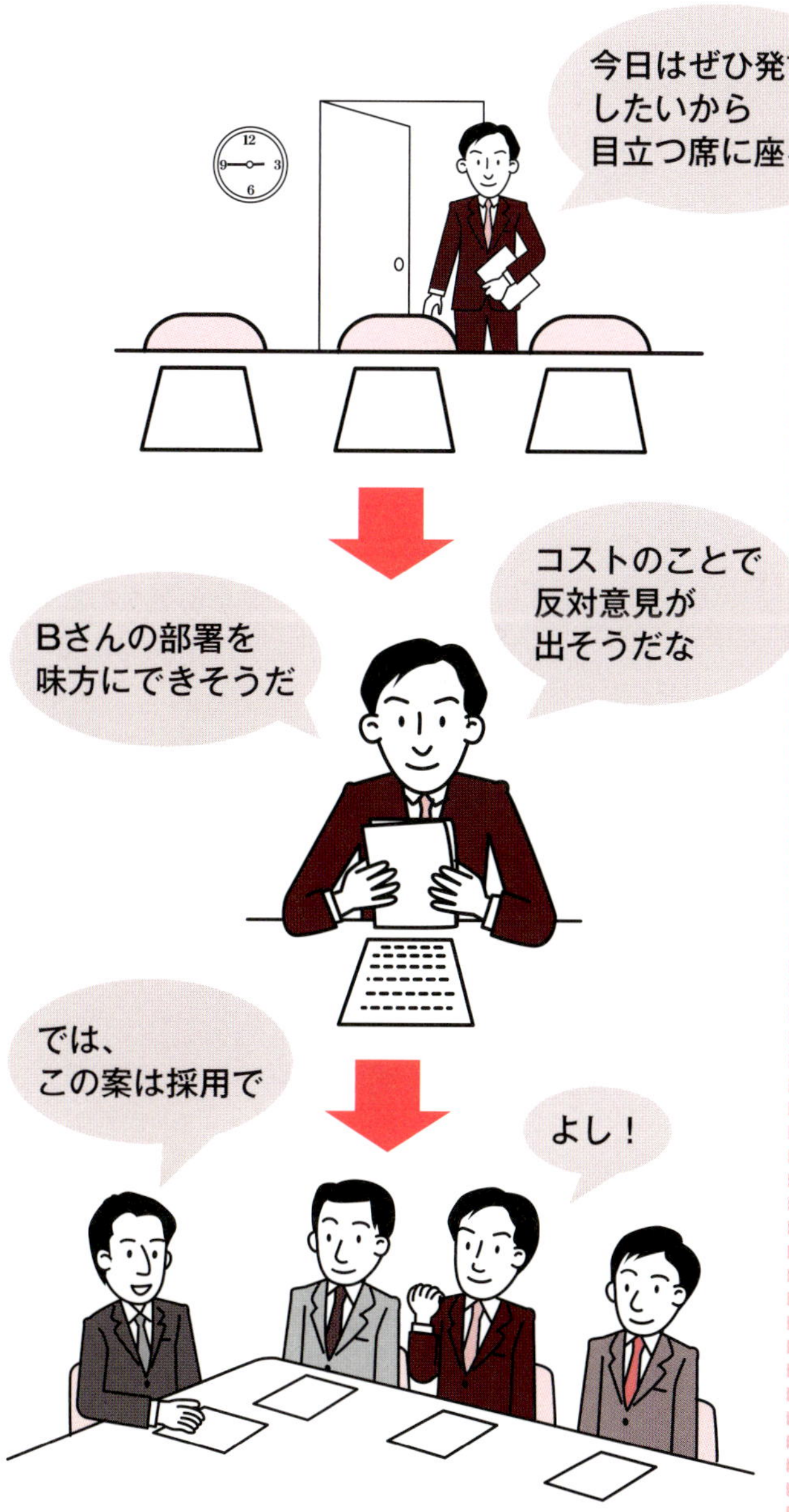
今日はぜひ発言
したいから
目立つ席に座ろう
Bさんの部署を
味方にできそうだ
コストのことで
反対意見が
出そうだな
では、
この案は採用で
よし！

十分に練り込んだ発言ができるので説得力がある

ぎりぎりに席につくと

間に合った
今日の議題は
何だろう…
これは
不採用だな
いつからやるの？
来年じゃ遅いよ!!

ぶっつけ本番なので意見は通らない

意見を通すワザ

15分前行動で準備を徹底する

4

シンプル＝わかりやすい＝採用される

勝つためにはムダな説明を受けている暇はない

戦時中は大本営陸軍部で作戦参謀、戦後は伊藤忠商事の会長を務めた、瀬島龍三さんという人がいる。

この人が部下に報告をさせるときに徹底していたのが、資料は一枚、要点は三つにまとめさせるということだった。

「戦争もビジネスも、勝つためには最短コースで決断を下さなくてはいけない。だからムダな資料を読んだり、ムダな説明を受けている暇はない」というのが瀬島さんの考え方だった。

私も瀬島さんほどではないが、会議に提出する資料は必ず五枚にまとめるようにしていた。

東レの経営会議では、二〇枚や三〇枚も資料を作成して提出するのが当たり前だったから、五枚というのは異例の少なさだ。

経営会議では、いつも三時間程度の会議時間の中で、三〜四件の案件を検討する。つまり一件あたりの検討時間はわずか一時間弱に過ぎなかった。

その短い時間の中で、提案者が資料について説明をし、メンバーで議論をおこない、そして結論を出さなくてはいけない。

するとせっかく三〇枚もの資料を用意しても、途中で飛ばしながら説明をしないと時間オーバーになってしまう。その結果、部分部分をつまみ食いするような、要領を得ない説明になりがちだった。

資料が少ないから質の高い会議が可能になる

一方、資料の枚数を少なくすれば、枚数内に収めるために、余分な情報を削ぎ落としてコンパクトにまとめなくてはいけなくなるため、要点のみを抽出した内容になる。

するとメンバーも資料にざっと目を通すだけで、内容のポイントを的確につかむことが可能になる。

また資料が少なければ説明時間も短くて済む。私の場合はいつも二十分程度で説明を終えていたため、残りの四十分をじっくりと議論の時間に費やすことができた。

つまり資料の枚数が少なければ、内容を的確に把握したメンバーによる本質的な議論を、十分な時間をかけておこなうことが可能になるわけだ。質量ともに充実した会議になるのである。

こうしたこともあり、私が自分で資料を作成して会議に臨むと、いつも極めて高い確率で提案が採用になっていた。

やがて社内では、「佐々木が作る会議用の発案書は、わかりやすくて通りやすい」という評判が広がっていった。

東レ経営研究所の社長時代には、東レ本体の、さまざまな部署の事業部長から会議用発案書の作成代行を依頼されていたぐらいである。

資料も説明もシンプルなほうがわかりやすい。そしてわかりやすければ採用されやすいのである。

「シンプル＝わかりやすい＝採用される」の法則である。

資料は極限まで情報を削ぎ落としてシンプルにする

資料が多いと

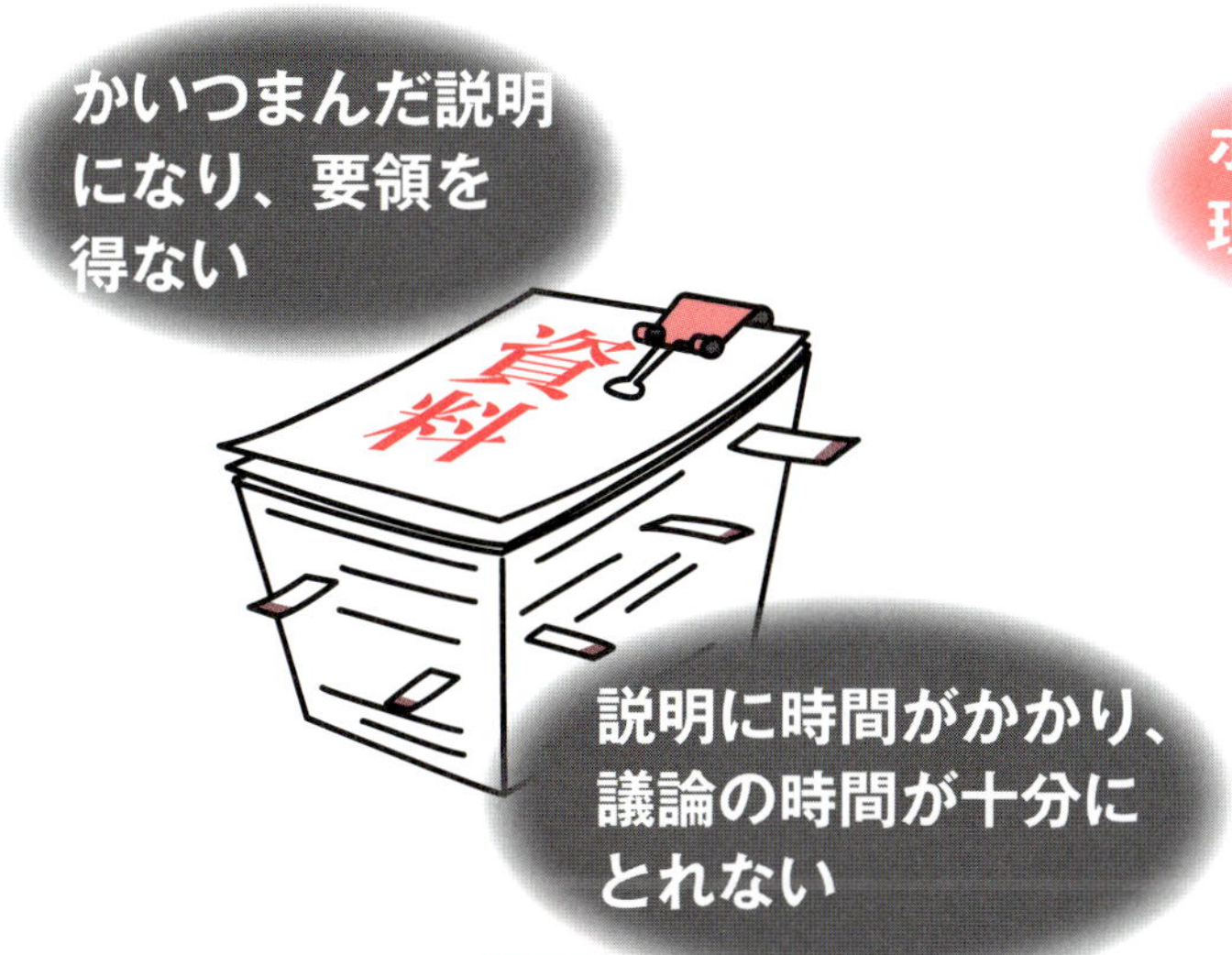
かいつまんだ説明になり、要領を得ない
資料
説明に時間がかかり、議論の時間が十分にとれない

結果

意見が通らない

資料が少ないと

ポイントを理解しやすい
資料
説明が短くて済むのでじっくりと議論ができる

結果

意見が通る

少なくて、わかりやすい資料の作り方

① 種類別の資料フォーマットを作り、それに当てはめて考える

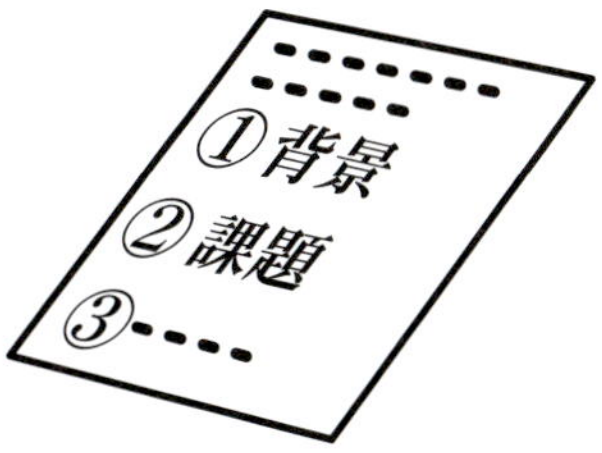
①背景
②課題
③

② 全体の話から、個別の話という流れで作る

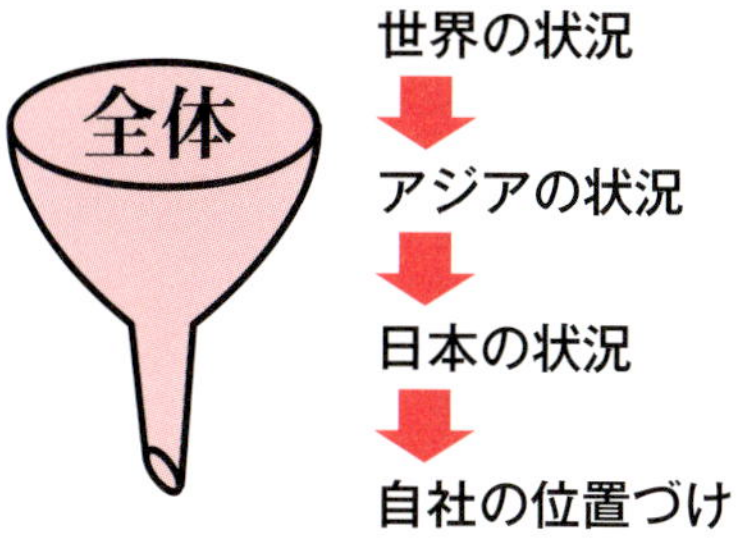
全体
世界の状況
アジアの状況
日本の状況
自社の位置づけ

③ ビジュアルで見せる

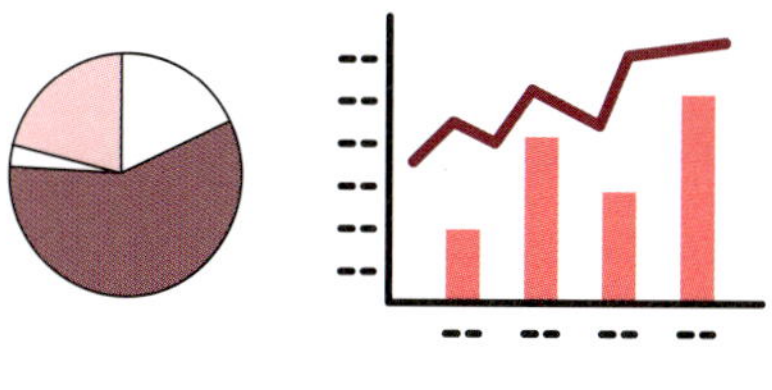

意見を通すワザ

要点が10個もあるなんて多すぎる。3つに絞る

5

「話を聞いてもらえる人」VS.「話を聞いてもらえない人」

周りの人間に自分の存在を意識させる

私が国土交通省の「タクシー事業を巡る諸問題について」の審議会の場で、口火を切って規制強化論を述べたことによって、議論の主導権を握ったことは、七六ページで話した通りである。

審議会では、毎回最初に担当者から説明があり、次に委員長が「それでは委員の方でご意見がある方は挙手をお願いします」と述べてから議論が始まる。私は委員長が「挙手をお願いします」と言い終わった瞬間に、間髪を入れずに大きな声で「はい」と言って手を挙げるようにしていた。すると委員長は確実に自分を当ててくれる。

これを審議会の一回目、二回目と繰り返すうちに、三回目にもなると、出席者は、まず「今日は佐々木は何を言い出すんだろう」という表情で私の顔を見るようになる。私も毎回真っ先に発言するわけではなく、テーマによっては静かにしているときもある。

ただし重要なのは、最初に真っ先にインパクトのある発言をすることによって、周りの人間に自分の存在を意識させることである。すると次に何か私が発言するときにも、みんな私の意見に耳を傾けるようになる。こうやって「何か発言したときには、必ず自分の意見を聞いてもらえる雰囲気」を作り出すことが大切なのだ。

ロジカルな話の中に感情的な表現を盛り込む

会議の場で「自分の意見を聞いてもらえる雰囲気」を作り出すためには、いかに出席者の印象に残るインパクトのある発言をするかということがカギを握る。

私の場合は、基本的には筋道立ててわかりやすく話すことを心がけているが、その中に聞き手の感情を揺さぶるような表現を入れるようにしている。タクシー事業を巡る審議会で言えば、「今、タクシー運転手の年収はどんどん落ちています。生活保護を受けているのに等しい状態の生活を強いられている運転手が、この日本に何万人もいます。同時代を生きる人間として、これを座して見ているわけにはいかないんです」といったような表現を盛り込むのである。

あまりに感情的な表現ばかりが続くと聞き手は辟易するものだが、基本はロジカルに話しながら、要所で感情に訴える表現を入れると非常に効果がある。相手を理屈で納得させ、感情で動かすのである。

また故事やことわざ、名言、『論語』の言葉などもうまく盛り込んでいくと、相手の印象に残る発言となる。

こんな話をすると、「会議の場でインパクトのある発言をしようと思ったら、何て周到な準備が必要となるんだ。大変だな」と感じた人もいるだろう。もちろん毎回こんな準備をしていたら、いくら時間があっても足りなくなる。だから自分にとってあまり重要ではないテーマについては、何の準備もしないまま出席してもかまわない。しかし「ここぞ」というときには、全力を尽くして会議に臨むことが求められる。

自分の意見を聞いてもらえる雰囲気を作り出す

真っ先にインパクトのある発言をする

ご意見の
ある方…
ハイ！
すると
私は○○
と思います

周りに自分の存在を意識させる

自分が発言をすると自然と注目されるようになる

感情的な表現を盛り込む

同時代を生きる人間として、
これを座して見ているわけ
にはいかないんです！

故事やことわざも効果的

基本的にはロジカルに話す

理屈で納得させ、感情で動かす

意見を通すワザ

「ここぞ」というときには、全力を尽くして会議に臨む

6

発言の機会は与えられるものではない！自分でつくる

発言は量よりも質 喋りすぎはマイナス

会議やミーティングなどの場面で、周りの人に対して影響力を与える発言や印象に残る発言をしたいのなら、大切なのは発言の量ではない。発言の質である。

「下手な鉄砲も数撃ちゃ当たる」という言葉があるが、下手な発言は、すればするほど当たらなくなる。出席者から「どうせまたくだらないことしか言わないのだろう」と思われ、誰も耳を傾けなくなるからだ。すると本当に大事な発言をしたときにも、話を流されてしまうことになりかねない。

だから会議やミーティングの場では、自分にとってさほど重要ではないことについては、黙っていたほうがいい。そして「ここは絶対に譲れない。ここは私の出番だ」というときだけ発言をするのである。「下手な鉄砲」は撃たず、「本気の鉄砲」だけ撃つのだ。するとみんなこちらの話を真剣に聞いてくれるものである。

キーマンに根回しをすることで 確実に「出番」を確保する

私は「ここは私の出番だ」というときには、「出番」を作ってもらうようにあらかじめ根回しをしてきた。

くだんのタクシー事業に関する審議会の例で言えば、回を重ねるごとに議論の流れが私の想定する路線に入っていったので、私もしばらくの間は、真っ先に手を挙げて発言することを差し控えていた。だが審議が終盤に差しかかった頃、「今回は、ぜひ真っ先に発言したい」という回が出てきた。そこで私は事前に委員長のところに行き、「今日は話したいことがあるので、いちばん最初に当ててください」とお願いしたのだ。すると審議会が始まると、委員長は私の顔を見ながら「どなたか意見がある方は？」と言って、私を指名してくれた。こんなふうに前もって根回しをしておけば、「出番」は作ってもらえる。

私は東レの社内でも、課長時代からこれと同じことをやっていた。部内会議でも普段はあまり発言をしないが、「ここぞ」というときには部長のところに行って、「今日、私は特別に意見があります。みなさんの前で言いたいことがありますから、時間をください」とお願いをしていた。

課長から「私に話す時間をください」と言われれば、よほど偏屈な部長ではない限り、その課長に対して真っ先に発言する機会を与えてくれるものだ。

むしろ部長自身も「特別な意見っていったい何だ？」と、興味津々で課長の発言を聞くはずだ。

実は事前に根回しをすることには、単に発言の機会を確保するだけではなく、キーマン（部内会議であれば部長）の関心をこちらに向けさせる狙いもある。自分の発言をキーマンに聞き流されないようにするための戦術でもあるのだ。

もちろんこうした根回しは、頻繁にやるべきものではない。「この意見だけは絶対に聞いてほしい」というときの伝家の宝刀として使う切り札である。

会議の発言は量より質を心掛ける

意見の通る人

今日は、
特別に意見があります。
時間をください

事前に根回しをする

いや、
B案だ
ここが
問題だ

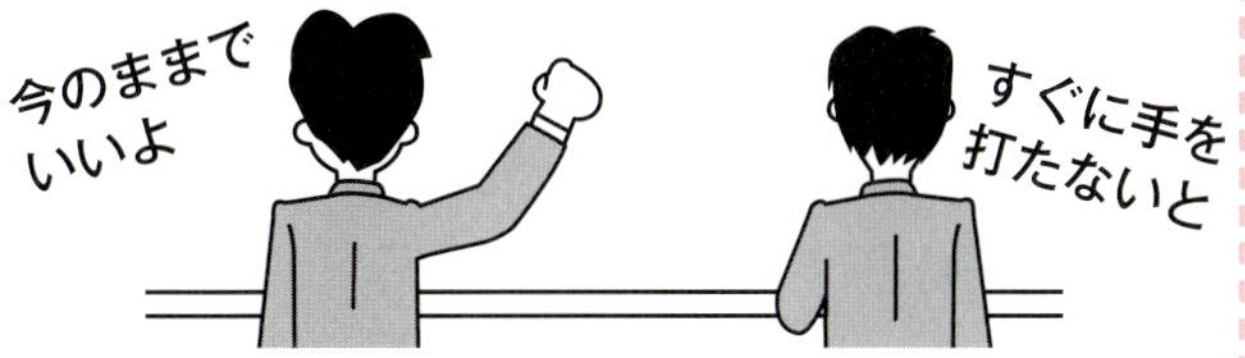
今のままで
いいよ
すぐに手を
打たないと

自分にとってさほど重要でない
テーマでは黙っている

○○について、
意見のある方
はい

自分の発言に注目を集められる

意見の通らない人

B案だ
C案って
いうのもあるよ
いや絶対
A案だよ

A案だよ
変な話
こういう場合
でもB案も
いいよね
この間の
事例だけど

深く考えず、発言をくり返して
いると……

さっきの結論を
まとめておこう
はい、この件について
私は……と思います

大事な場面で、意見を聞き
流されてしまう

意見を通すワザ

下手な鉄砲は撃たず、本気の鉄砲だけ撃つ

7

会議で意見を通すために知っておいてほしいたった一つのこと

自分が出席できない会議ではロビー活動をする

この章で私は、「会議のときに自分の意見を通すための話し方」についていろいろと述べてきたが、実は言いたいことは、たった一つである。

それは「会議で自分の意見が通るかどうかの勝敗は、会議の前に九割方決まっている」ということだ。

どれだけ事前に発言内容を練ったか、シミュレーションをしたか、根回しをおこなったかによって、勝負はあらかた決まっているのである。ところが多くの人はぶっつけ本番で会議に臨んでいる。だからこそ事前に準備をした人のほうが、圧倒的に優位に立つことができるのだ。

私は自分が出席する会議はもちろん、出席できない会議についても、事前準備や根回しを重視してきた。

例えば、ミドルマネジャーの場合は、経営者層が出席しておこなう経営会議に、基本的には出席できない。そのためどうしても通したい案件が経営会議に上程されていたとしても、自分が直接会議の場で意見を言うことはできない。しかし、だからといって運を天に任せて祈るしかないのかというとそんなことはない。ロビー活動をすればいいのだ。

特に私は経営企画室長を務めていたときには、「今度会議で議論される案件について説明する」という理由で、専務や常務の席をよく訪ねていた。そして説明をおこなうとともに、「案件の当事者として私自身はこう考えている」という意見を伝えるようにしていた。また相手の表情を見ながら、「もし専務が私と同じ意見であるならば、会議の場で発言していただけませんか」というように一歩踏み込んでお願いをすることもあった。自分は会議で発言できなくても、ほかにできることはいくつもあるのだ。

部下の昇格も根回しで実現する

会議以外の場面でも、ロビー活動は有効である。私は昇格させたい部下がいるとき、折にふれて上司や人事部の担当者に、「うちの課の課長代理は優秀なんですよ」とアピールするようにしていた。

例えば、あるプロジェクトが成功を収めて、パーティが開かれたとする。**そんなときは昇格させたい部下を上司に引き合わせて、「実はこのプロジェクトは彼が全部やったんですよ」というように紹介するのだ。**すると上司の頭の中には、「佐々木の課には優秀な部下がいる」という記憶が残る。

そのうえで数カ月後の昇格審査のときに、その部下の昇格申請をすれば、「おお、あのときの彼か」と上司の目にとまり、高評価を得られる可能性が高くなるのである。中には部下の昇格申請をしてから根回しを始める人もいるが、これでは遅すぎる。

花は突然咲かすことはできない。土を耕し、種をまき、水やりをして、ようやく実がなり花が咲く。自分の意見や要望を通したいときも、それと同じような地道な工程が必要になるのである。

会議は準備が9割で臨む

今日は、
特別に意見があるので、
時間をください
事前の根回し
Aさんは
スケジュールを
気にするはずだ
予算面で
反対意見が
出そうだな
シミュレーション
意見が
通るかどうかは
会議の前に
決まっている！
自分が出席できない
場合は…
発言内容を
原稿にしよう
発言の推敲
私は、こう思います。
もし同じ意見でしたら
会議で発言して
いただけませんか？
ロビー活動

多くの人がぶっつけ本番で臨んでいるので、
事前の準備をすると効果抜群！

意見を通すワザ

自分が会議に出られなくても、できることはいくつもある

8 文章を推敲するように議論を深める

議論のできる集団が優れたアイデアを生み出す

世の中には、しっかりと業績を伸ばし続けている会社もあれば、残念ながら市場から淘《とう》汰《た》されて消えていく会社もある。また同じ一つの会社の中でも、常に高い数字を出しているチームもあれば、ずっと低迷を続けているチームもある。

これは何が違うのかと言えば、メンバーがお互いに議論を深めながら知恵を出し合える組織になっているかどうかの違いだと思う。

どんなに優秀な人間が集まったとしても、一人ひとりの頭の良さなどたかがしれている。議論をしながら知恵を出し合える集団になっていなければ、その優秀さは宝の持ち腐れになる。

逆に個人の優秀さにおいては並のメンバーばかりで構成されているチームだったとしても、きちんと議論ができる集団になっていれば、チームとしてさまざまな優れたアイデアを生み出していくことが可能になる。

議論をしないで結論を出すのは推敲しないで文章を出すようなもの

私は「チームで議論を重ねる」ことは、「文章を書くときに推敲を重ねる」ことと似ていると思う。

私はこれまで何冊かの本を執筆してきたが、前述したように、執筆中は書いては直すことの繰り返しである。書き進めているうちに、「自分が言いたいことは、本当はこっちなのではないか」と別のアイデアや考え方が浮かんできて文章を書き直す。そして一通り文章を書いてみたあとにまた読み直し、「いや、やっぱりちょっとニュアンスが違うぞ」と再び書き直す。この繰り返しなのである。

これは自分が書いたものを、違う視点から吟味をしていくという作業であるといえる。文章を書くのも読むのも佐々木常夫という一人の人間だが、その一人の人間が頭の中で複数に分かれて対話をしながら、よりよいゴールを見つけ出していく作業をしているのである。

だから最終的には、良い意味で最初に書き始めたときには予想もしていなかった文章に仕上がることも少なくない。

一方「チームで議論を重ねる」ことは、私が文章を書くとき頭の中でおこなっている対話を文字通りみんなでおこなう、ということである。

誰かが発したあるアイデアや意見を、異なる視点から吟味することで深め、鍛え上げていくのが議論なのである。**だから議論をすると、一人の人間だけではとても思いつかなかったようなアイデアが生まれてくることがあるのだ。**

実は、私が本で述べている仕事術も、私だけのアイデアというものは、ほとんどない。みんなで、こうしたらいいんじゃないか、ああしたらどうだろうと、議論を重ねた中から生まれたものばかりである。

みなさんも大事なテーマについて結論を出すときには、議論を通じて異なる視点から知恵を出し合うことを大切にしてほしい。

議論、コミュニケーションが活発なチームをつくる

メンバーが、お互いに知恵を出し合える組織にする！

1人では、とても思いつかなかったアイデアが生まれる

異なる視点から吟味できる

チームで議論をすることは、文章を推敲する作業と同じ

↓

優れたアイデアが生まれる

意見を通すワザ

大事なテーマについては、議論を通じて知恵を出し合う

9

「魂のこもった言葉」で語れるようになる

大事なのは「話し方」だけではない

ここまで本書を読み進めてくださったみなさんに、覚えておいていただきたいことがある。

それは、本書では話し方をいかに向上させるかについて、さまざまな視点から解説をしてきたが、そうしたテクニックを超えて、言葉が人の心を動かすことがあるということだ。

それは、その人の本気というか、思いが言葉に込められている場合だ。

その人の魂が込められた言葉というのは、文句なしに人の心を動かす、と私は思っている。

上手ではなかったが真剣な語りが役員陣の心を動かした

私が東レで経営企画室長として、経営会議の事務局を務めていたときのことである。ある日の経営会議で、ある赤字事業を中止するか否かが議題に上ったことがあった。大激論が交わされた結果、「さらに検討課題を掘り下げながら、事業の継続の道を探ろう」というところに議論が落ちつきそうになった。役員の意見もほぼ出尽くし、「これで決まったな」と私も思った。

そのときである。その事業の担当者として会議に参加していた部長が挙手をして、こう発言したのである。

「今日、議論された検討課題については、既に我々がこの一年間、昼夜を分かたず詰めてまいりました。これ以上、検討の余地はないと思います」と。

そして彼はさまざまな事例を出しながら、その事業を中止すべき理由を淡々と、しかし苦渋に満ちた表情で説明し始めた。

その説明は上手とは言えなかった。ぼそぼそとした喋り方で、けっして聞き取りやすいものではなかったからだ。しかし真剣さと、その事業に関する事実と問題点がよく伝わる説明だった。

役員陣は彼の説明に黙って聞き入っていた。そしてしばらくやりとりをしたあとに、彼の主張する通りに事業の中止を決定したのである。

その瞬間、私は、すっかり心を揺さぶられた。なぜなら私は、彼がその事業の再構築のためにどれだけ努力をしていたかを知っていたからだ。何カ月もの間、個人的な生活を犠牲にしてまで、ありとあらゆる可能性を探っていたのだ。その結果、「この事業は収束するしかない」という結論に至ったからこそ、役員陣をも動かす言葉を発することができたのだろう。

だから私は思ったのだ。人を動かすのは巧みな話し方だけではない。魂のこもった言葉には大きな力があると。

これから良きリーダーになることを目指している人は、もちろん「話し方」のスキルについても磨いてほしいと思う。**しかし、それとともに、もっとも磨かなくてはいけないのは「魂のこもった言葉」で語れるようになることである。**

そうした言葉は、日々の仕事に真剣に取り組み、生きる中から身についてくる。

テクニックを超えて人の心を動かした瞬間

ある日の経営会議で

さらに検討課題を掘り下げながら、
事業の継続の道を探ろう
うん　うん
決まったな
……
待って下さい
今日、議論された検討課題については、
既に我々がこの１年間、昼夜を分かたず
詰めてまいりました。これ以上、検討の
余地はないと思います
よし、この事業は
中止しよう

上手とは言えないが、これまでの
努力と本気が伝わる話し方

役員の心を動かした

「魂のこもった言葉」＝日々の仕事に真剣に取り組み、生きる中から身についてくる

意見を通すワザ

人を動かすのはテクニックだけではない。魂のこもった言葉には大きな力がある

「強くなければ生きていけない。やさしくなければ生きる価値がない」

レイモンド・チャンドラーが生み出した小説の探偵フィリップ・マーロウ。『プレイバック』（ハヤカワ・ミステリ文庫）の清水俊二の訳は、「しっかりしていなかったら、生きていられない。やさしくなれなかったら、生きている資格がない」である。

不屈の闘志でイギリスを戦勝国に導いたウィンストン・チャーチルは「悲観主義者はいかなる機会にも困難を見出し、楽観主義者はいかなる困難にも機会を見出す」と言い、「現実的な楽観主義者になれ」という名言を残した。

フランスの哲学者アランは「悲観主義は気分のものであり、楽観主義は意志のものである」という。

チャーチルにはどんな苦境においても雄々しく立ち向かおうという前向きの強さがあった。

困難なときでの粘り強さや、わずかなチャンスをものにしようという貪欲さがなければ人は生きていけない。

そうした強い意志や自分のためといった欲が仕事のモチベーションを上げる。

しかし、それだけで仕事をしていると、仕事に結果がついてこない。周りの人にその人が何のために働いているかがわかるからだ。仕事というのはそのチームのため、お客さまのためといった、世のため人のためといった志がなければ実を結ばないものだ。

人は何のために働くかというと世のため人のため、つまり何かに貢献するために働くのだ。

「やさしさ」とは思いやりであり、人に貢献すること。そういうやさしさが人を勇気づけ、チームに活力を与え、世の中に幸せをもたらす。

『日本でいちばん大切にしたい会社』（坂本光司著、あさ出版）という本の中に日本理化学工業の話が出てくる。

「人間の究極の幸せは　人に愛されること　人にほめられること　人の役に立つこと　人から必要とされること　働くことで愛以外の三つのものが得られる」

この会社は社員の七割を知的障害者が占めるが、最初に雇った障害者二人が昼食をとるのも忘れるほど一生懸命働く姿を見た大山泰弘会長が導師に「なぜ彼らは夢中で働くのか？」と聞いたときの導師の答えをまとめると、このような内容だ。

人が生きていく意味、人が働くことの動機を言い当てていると思う。

著者略歴

佐々木常夫（ささき　つねお）

1944年、秋田市生まれ。1969年、東レ入社。自閉症の長男に続き、年子の次男、年子の長女が誕生。初めて課長に就任した1984年に、妻が肝臓病に罹患。その後、うつ病も併発し、計43回に及ぶ入退院を繰り返した。

すべての育児・家事・看病をこなすために、毎日18時に退社する必要に迫られる。家庭と仕事の両立を図るために、「最短距離」で「最大の成果」を生み出す仕事術を極めるとともに、部下をまとめあげるマネジメント力を磨き上げた。

そして、プラザ合意後の円高による業績悪化を急回復させる「再構築プラン」のほか、釣り具業界の流通構造改革、３年間で世界各国に12カ所、計約1000億円の設備投資を実行するグローバルオペレーションなど、数々の大事業を成功に導く。

2001年、同期トップ（事務系）で東レの取締役に就任。2003年より東レ経営研究所社長、2010年に同研究所特別顧問。現在は、佐々木常夫マネージメント・リサーチ代表取締役。

内閣府の男女共同参画会議議員、大阪大学客員教授などの公職も歴任。「ワーク・ライフ・バランス」のシンボル的存在である。

著書に『ビッグツリー』『部下を定時に帰す「仕事術」』『そうか、君は課長になったのか。』『働く君に贈る25の言葉』『これからのリーダーに贈る17の言葉』（以上、WAVE出版）、『こんなリーダーになりたい』（文春新書）、『「本物の営業マン」の話をしよう』『会社で生きることを決めた君へ』（以上、PHPビジネス新書）、『人を動かすリーダーに大切な40の習慣』（PHP研究所）などがある。

装幀：一瀬錠二（Art of NOISE）
カバー写真：長谷川博一
本文イラスト：久保久男
編集協力：長谷川敦

［図解］
人を動かすリーダーの話し方

2014年５月８日　第１版第１刷発行

著　者　佐々木常夫
発行者　小林成彦
発行所　株式会社ＰＨＰ研究所
東京本部　〒102-8331　千代田区一番町21
エンターテインメント出版部　☎03-3239-6288（編集）
普及一部　☎03-3239-6233（販売）
京都本部　〒601-8411　京都市南区西九条北ノ内町11
PHP INTERFACE　http://www.php.co.jp/
組　版　朝日メディアインターナショナル株式会社
印刷所　大日本印刷株式会社
製本所　東京美術紙工協業組合

ISBN978-4-569-81830-6